普通高等学校"十四五"规划新闻传播类
专业交叉复合型人才培养实践指导示范教程

地方高等学校新闻学国家级一流专业建设与区域化服务创新成果

视觉新闻报道实训教程

陈瑛 肖南 ◇ 编著

华中科技大学出版社
http://press.hust.edu.cn
中国·武汉

内 容 提 要

"视觉新闻报道实训教程"是一门以视觉新闻报道为实践导向的特色课程。视觉新闻报道不仅可以丰富新闻内容、提高新闻报道的质量和吸引力,更可以帮助人们更直观地了解事件和事实。随着社交媒体和数字化媒体的发展,视觉新闻已经成为现代新闻传播的重要组成部分。本书旨在培养新时期的视觉新闻人才队伍及网络与新媒体人才,详细分析与探讨视觉新闻报道的基础概念、实践模式、业务流程与工作步骤,并重点培养学生对于视觉新闻基础理论、视觉新闻报道流程、各类型视觉新闻报道模式、视觉新闻报道技术、摄影构图基础理论与灯光应用的认知能力和实践能力。本书结合了近年来我国的视觉新闻报道大量相关案例,旨在帮助读者深入了解视觉新闻报道,提高人们的媒体素养和批判思维能力,进一步帮助人们更好地适应和应对媒体发展的变化。

图书在版编目(CIP)数据

视觉新闻报道实训教程/陈瑛,肖南编著. —武汉:华中科技大学出版社,2023.4
ISBN 978-7-5680-9309-5

Ⅰ.①视… Ⅱ.①陈… ②肖… Ⅲ.①新闻报道-教材 Ⅳ.① G212

中国国家版本馆 CIP 数据核字(2023)第 059250 号

视觉新闻报道实训教程 陈瑛 肖南 编著
Shijue Xinwen Baodao Shixun Jiaocheng

策划编辑:周晓方 杨 玲
责任编辑:林珍珍
封面设计:原色设计
责任校对:张汇娟
责任监印:周治超

出版发行:华中科技大学出版社(中国•武汉) 电话:(027)81321913
 武汉市东湖新技术开发区华工科技园 邮编:430223
录 排:华中科技大学出版社美编室
印 刷:武汉市籍缘印刷厂
开 本:787mm×1092mm 1/16
印 张:14.5
字 数:338千字
版 次:2023年4月第1版第1次印刷
定 价:39.90元

本书若有印装质量问题,请向出版社营销中心调换
全国免费服务热线:400-6679-118 竭诚为您服务
版权所有 侵权必究

编委会

顾　问　张　昆

主　编　陈　瑛

副主编　陈　欣　徐　晓

编　委（以姓氏拼音排序）
方　艳　胡亚婷　江锦年　李媛媛　潘　君
沈文慧　王尉岚　吴　琪　吴尚哲　肖　南
杨　雯　张　炯　张国新　赵晓芳

作者简介

陈 瑛 华中科技大学传播学博士,湖北第二师范学院新闻与传播学院院长。研究方向为视觉传播、基层治理、新闻传播教育。

教学成果:2019年首批全国地方院校新闻学国家级一流专业建设负责人;湖北省"荆楚卓越"新闻协同育人项目负责人;省级课程思政教学与研究示范中心主持人;省级优秀实践教学团队负责人;主授课程"新闻摄影"为省级精品资源共享课、省级一流金课;连续5次获得湖北省人民政府颁发高等学校教学成果奖一二三等奖。

学术成果:近五年主持省部级重大调研课题、省厅教研课题、人文社科重点课题等10余项。在《编辑之友》《中国广播电视学刊》《编辑学刊》等刊物发表学术论文20余篇。

学术及社会兼职:中国新闻传播学教育史学会理事、中国广播电视与新媒体学会会员、湖北新闻传播学专业委员会副秘书长,湖北公共关系学会副会长等。

肖 南 湖北第二师范学院新闻与传播学院专任教师。研究方向为新媒体传播、品牌符号与形象传播、计算传播等,发表相关学术论文6篇。实践型选手,在各级主流媒体、影视摄制、互联网产业等领域从业经历超过十年。获奖成果丰硕,擅长影视创作类、创新创业类、新闻传播类、学科竞赛等专业赛道,已获超过80项奖项,省级、国家级奖项过半。

总序

近年来发布的《关于加快建设高水平本科教育 全面提高人才培养能力的意见》和《加快推进教育现代化实施方案(2018—2022年)》要求,推动高等学校全面实施"六卓越一拔尖"计划2.0,发展新工科、新医科、新农科、新文科,打赢全面振兴本科教育攻坚战。地方高等学校更要抢抓机遇,推动新文科专业建设,主动适应新时代新文科发展要求,突破传统文科的思维模式。为推动新闻学专业更新升级,做强一流本科专业、培养一流人才,新闻学专业发展正经历强基固本、重构知识体系,推进跨学科整体共建、跨学科课程群共建、跨学科培养方式共建的洗礼和调整,在学科对话和价值共创中实现新闻传播人才培养和科学研究,并从观念和模式上实现创新。

湖北第二师范学院2019年入选首批地方高等院校新闻学国家级一流本科专业建设点,正谋势而动积极筹划新闻学专业课程建设及其教材开发工作。湖北第二师范学院新闻与传播学院借助武汉中国光谷腹地的区域特色优势,因地制宜,充分挖掘各类资源,将新闻传播学科教育与传媒行业发展前沿深度融合,紧密结合教师教育特色、新闻传播教育本色,结合传媒行业技术,注重特色化、个性化发展,努力实现"知识+技能"向"知识+技能+价值"引导的转变,持续激活服务地方经济文化创新区域发展的生长点和活力点。该院中青年博士教师团队积极研发了"普通高等学校'十四五'规划新闻传播类专业交叉复合型人才培养实践指导示范教程"教材,此套教材将作为湖北第二师范学院地方高等院校新闻学国家级一流本科专业建设与教学改革的部分成果。

地方高等院校新闻学国家级一流本科专业教育教学改革创新迫在眉睫,地方高等院校新闻传播学科发展与人才培养,需要高质量的课程开设及配套教材,然而,目前以大实验观指引的偏实践技术、实验实操、案例型的与地方高等院校新闻学本科专业人才培养匹配的系统化示范型教材甚少,有限的教材呈现的特点是:理论性多,实践指导不足;应用型少,优质案例指引匮乏;院校与行业交叉联合少,地方院校特色不突出;单品种少,且无系列规划。当前亟待设计编撰推出既区别于高职高专简单的操作性和知识型教材,又区别于综合型重点院校偏理论性和研究型教材,突出地方高校办学与人才培养特色,既注重服务地方发展的实践指导又不失学理基础支撑,同时调整原来一本纸质教材三五年才考虑修订,教材开发远远落后于新闻学专业发展形势的现状,开发以技术引领、实践操作和优质案例教学为主的系统性教材,并配套数字资源,在大大加快纸质教材更新换代频率的基础上不断更新丰富教材内容。

本系列教材编撰将以出版能够"引领核心价值,融合学科,融合行业,融合技术"的新闻传播融合型教材为目标,推行专业建设和改革,总体框架和基本思路为:核心价值观树立—融合实践内容建设—高水平课程打造—学界业界联合。

湖北第二师范学院为推动全国地方高等院校新闻学国家级一流本科专业建设与人才培养，立足省属特色师范院校实际，联手业界，产学合作，注重思想引领和价值塑造，加强服务湖北的媒体乃至区域化经济发展，优化专业人才培养方案的模块化课程群，采用案例式、现场式、任务型实践教学手段，为构建新闻学人才培养新范式和新闻传播学科育人体系，积极打造多维共建实践教学模式下融合实战指导系统化教程系列，即"普通高等学校'十四五'规划新闻传播类专业交叉复合型人才培养实践指导示范教程"。

本系列教材以湖北第二师范学院获批地方高等院校新闻学国家级一流本科专业建设点为起点，3年为一个规划时段，坚持需求导向、分类指导、多维共建、深度融合、服务区域的基本原则，遵循地方高等院校新闻学国家级一流本科专业建设统一性、梯度化和标杆化三个标准，参照教育部卓越人才2.0计划，对照专业定位和学校定位，传承教师教育特色，展现新闻传播应用转型底色，以新闻学为核心，辐射广告学和编辑出版学，形成一体两翼，以实践指导教程为主，立足本土化主流媒体优质案例，注重校企合作协同育人，学界业界优势互补，理论实践深度融合，凸显地方化、特色化和示范性。

本系列教材在编写过程中获得了湖北日报社、长江日报社及华中科技大学出版社大力支持，我们组建编委会并遴选推荐经验丰富、学院或业界有副高及以上职称专家担任每种图书的主编，拟定编写体例、编写样章，同时参与审定大纲、样章，总体把控书稿的编写进度。基于省属院校特色，培养融合学科、融合行业、融合技术的新闻传播专业交叉复合型人才，推动信息技术与教研深度融合，以助力专业建设和改革为己任，注重激发学生内驱力，打造传媒大数据和新闻可视化制作等课程教学"全媒体＋区域化＋交叉融合"体系，为订单式、嵌入式教学和合作式发展新机制驱动下跨学科融合型、区域化、社会服务型新闻传播人才培养输送力量。

新闻传播学科与媒体行业关系密切，新时代的纸质教材通过配套数字资源的不断更新换代，在较大程度上消除了传统纸质教材更新换代缓慢、周期长、效率低的弊端。在编写体例上，本系列教材在寻求创新与突破基础上，加强配套数字资源建设，注重纸质教材与配套数字化教学研究资源的深度融合，不断丰富PPT课件、案例库、习题库、视频库、图片库等资源，实现纸质教材配套资源数字化。

"普通高等学校'十四五'规划新闻传播类专业交叉复合型人才培养实践指导示范教程"第一批收录了四种教材，包括《视觉新闻报道实训教程》（陈瑛、肖南 编著）、《融合新闻编辑实训教程》（方艳、胡亚婷 主编）、《文化产业创意与策划》（陈欣、罗政 主编）、《短视频编导与制作》（张国新 主编）。

"普通高等学校'十四五'规划新闻传播类专业交叉复合型人才培养实践指导示范教程"的出版，要特别感谢湖北第二师范学院专项建设资金的支持，我们期待这批成果的问世能为培养和输送"讲政治、懂国情、有本领、接地气"的跨媒体复合型人才探寻新路。

陈瑛

2022年12月21日

前言
Preface

"视觉新闻报道实训教程"是融合了新闻学、符号学、视觉传播学、经典传播学、影视学、摄影学等学科知识,专门应用于新闻传播学领域,以视觉新闻报道为实践导向的特色课程。

视觉是人类最主要的感知方式之一。视觉新闻报道包含图片、视频等多种形式,这些形式可以丰富新闻内容,提高新闻报道的质量和吸引力,帮助人们更直观地了解事件和事实。所以,学习视觉新闻报道的相关知识不仅可以提高人们的媒介素养和批判思维能力,让人们更加理性地看待新闻报道和信息,还能帮助人们更好地适应和应对媒体发展的变化。

当前,随着社交媒体和数字化媒体的发展,视觉新闻报道已经成为现代新闻传播的重要组成部分。首先,视觉新闻报道可以通过图文的方式更直观地呈现事件和事实,这也使得视觉新闻具有强大的感染力和表现力,让受众更容易理解和接受,也更容易引起受众的共鸣和关注;其次,随着摄影技术、视频技术的发展,多媒体的应用越来越广泛,视觉新闻报道的制作和传播变得更加便捷和高效;再次,在信息爆炸时代,人们获取信息、处理信息的精力有限,视觉新闻报道可以在短时间内传递更多的信息;又次,视觉新闻报道可以激发人们的情感共鸣,引起人们更深层次的思考和关注,具有更强的社会影响力;最后,视觉新闻报道能够通过社交媒体等渠道快速传播,形成更广泛的影响力,对于舆论引导和社会监督具有重要意义。

视觉新闻报道是一种理论体系,因为它涉及新闻传播学、视觉传达设计、心理学等多个学科的理论基础,包括新闻价值、故事性、视觉语言、视觉编排、视觉传达效果等多方面的研究。同时,视觉新闻报道也是一种专业技术,因为它需要从业者具备摄影、摄像、图像处理、设计等多种技能,以及对新闻事件的敏感度和判断力。

对于新闻传播学领域的学习者、从业者来说,不仅要打好理论学习的基本功,还要用大量时间与精力进行实践训练,才能成为一名合格的视觉新闻记者。本教材以培养新时期视觉新闻人才队伍及新媒体人才为目标,对视觉新闻报道的基础概念、实践模式、业务流程与工作步骤进行了详细的分析与探讨,重点培养学生对于视觉新闻基础理论、视觉新闻报道流程、各类型视觉新闻报道模式、视觉新闻报道技术、摄影构图的基本知识与摄影灯光技术的认知能力和实践能力。

本教材在编写过程中,参阅、引用了大量文献著作和网络资源,在此特向所有的原作者表示衷心的感谢!书中难免存在疏漏和不妥之处,敬请读者海涵,同时希望读者能够将意见反馈给我们,帮助我们不断改进。

《视觉新闻报道实训教程》编写组
2022 年 12 月

目录
Contents

第一模块　视觉新闻导论

第一章　视知觉理论与视觉素养 /3
第一节　视知觉传播 /5
第二节　媒介中的视觉素养 /11

第二章　视觉新闻报道概述 /17
第一节　视觉新闻报道 /18
第二节　视觉新闻发布渠道 /28

第三章　视觉新闻报道聚合培养 /33
第一节　视觉新闻选题策划及前期工作 /34
第二节　视觉新闻拍摄 /43
第三节　视觉新闻编辑 /54

第二模块　视觉新闻报道实务

第四章　视觉新闻头条报道 /61
第一节　随时准备着 /62
第二节　现场观察采访与拍摄 /63

第五章　非事件性视觉新闻报道　/68

第一节　非事件性视觉新闻的特点　/69
第二节　非事件性视觉新闻的拍摄　/71
第三节　非事件性视觉新闻文字说明的写作　/74

第六章　视觉新闻专题报道　/77

第一节　视觉新闻专题的特点与要求　/78
第二节　视觉新闻专题采访前的准备　/81
第三节　视觉新闻专题的拍摄　/84
第四节　视觉新闻专题的文字说明写作　/89

第七章　体育视觉新闻报道　/94

第一节　体育视觉新闻报道的特点　/95
第二节　体育视觉新闻报道的动作拍摄　/97
第三节　体育视觉新闻报道与艺术　/101

第八章　人物视觉新闻报道　/107

第一节　人物视觉新闻的特点　/108
第二节　人物视觉新闻的采访与拍摄　/109
第三节　人物视觉新闻的文字说明写作　/112

第九章　视觉新闻报道的图文关系　/116

第一节　视觉新闻报道概述　/117
第二节　视觉新闻报道策划　/123
第三节　视觉新闻报道图片说明　/126

第十章 视觉新闻编辑与发布

/131
/132　第一节　视觉新闻图片编辑
/133　第二节　图片挑选的标准与技术处理
/143　第三节　视觉新闻版面设计

第三模块　视觉新闻报道技术

第十一章　视觉新闻摄影技术

/151
/152　第一节　数码相机的主要特征与功能
/156　第二节　摄影镜头基本知识
/160　第三节　曝光控制
/169　第四节　动体摄影

第十二章　摄影构图的基本知识

/173
/174　第一节　摄影构图的基本知识
/190　第二节　光线的造型作用

第十三章　摄影灯光技术

/198
/199　第一节　理解摄影灯光
/210　第二节　摄影灯光操作方式

/214　**参考文献**

/215　**后记**

第一模块 视觉新闻导论

DIYIMOKUAI

视知觉理论与视觉素养　第一章

本章思维导图

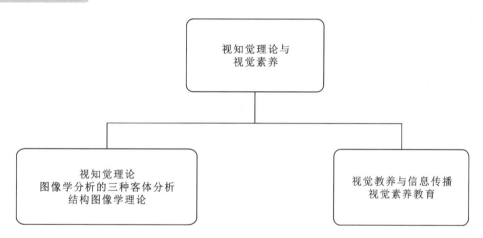

课前导读与体验

  符号学（semiotics）一词来自古希腊。符号学主要研究符号的本质，研究心灵如何理解事物，或者如何将那些知识传达给他人。①

  在传统语言学中，符号（sign）是指用来传达思想的词、音节、字母等。费迪南·德·索绪尔（Ferdinand de Saussure）提出，符号是一种两面的心理实体，他认为，我们把概念和音响形象的结合叫作符号，但是在日常使用上，这个术语一般只指音响形象，例如能指（arbor）等，人们容易忘记，arbor 之所以被称为符号，只是因为它带有"树"的概念，结果让感觉部分的观念包含了整体的观念。② 就结构主义符号学传统而言，符号学基于两个基本假设：其一，一切社会及文化事物不仅应被视为物质的事物或事件，而且应被视为约定俗成的符号；其二，这些符号由它们在一个系统中的位置而产生自己的意义。③ 符号学方法的中心观点是：语言、符号和它们的意义是被历史地、文化地、社会地创造的。符号学强调符号的意义定位

---

① 陈道德.传播学与符号学散论[J].湖北大学学报（哲学社会科学版），1997(2)：51-55.
② 费迪南·德·索绪尔.普通语言学教程[M].裴文，译.南京：江苏教育出版社，2002.
③ 乔纳森·卡勒.结构主义诗学[M].盛宁，译.北京：中国人民大学出版社，2018.

于深层的社会文化情境之中。符号学之祖皮尔士(Charles Sanders Peirce)认为符号的意义不是固定的,其释义因人理解的差异而不同。索绪尔把符号拆解为"符号具"和"符号义"。皮尔士在原有的理论中进一步指出,符号再现体与其指称对象之间的关系可分为三种:基于像似性的关系、基于指示性的关系和基于规约性的关系。根据这三种关系,皮尔士又将符号分为像似符号(icon)、指示符号(index)和规约符号(symbol)三种类型。像似符号是指那些与其指称对象仅仅在某种品质上是一致的表现形式;指示符号是指那些与其指称对象的关系实际上包含一种对应关系的表现形式;规约符号是指那些与其指称对象之间关系的依据是建立在一种外加特性基础上的表现形式,与一般符号相同。① 罗兰·巴特(Roland Barthes)把符号义分为"明示义"和"隐含义"。巴特认为,关于女性的神话(myth)和其他神话一样,都是意识形态型塑的过程,其结果是使传统的社会性别秩序合理化。② 他们对符号学的阐述带动了传播学研究的方法拓展。③ 传播学者将讯息分为三个层次来解析:第一层是表面意涵,即讯息的表面意义,它通常不受社会文化差异的影响;第二层是社会迷思,即社会文化所赋予的符号意义;第三层是意识形态,即隐藏在社会迷思后面的权力结构。把符号学分析策略用于传媒文本分析,目的就在于揭示意识形态如何建构了特定的社会性别意涵。利斯伯特·凡·祖能(Liesbet van Zoonen)认为,符号学提供了一种系统评估文本表意过程的方法。她把符号学分析方法组织成一系列运作步骤:第一步,识别相关符号和它们的主导因素;第二步,继续研究这些符号纵向聚合的构成,比如它们缺少的对立物是什么,它们在语段横向组合中的相互关系是什么。通过这两步符号学分析,能够理解文本不同的表意过程——表面意义、引申意义、神话和意识形态。④ 祖能认为,符号学分析是一种强大的工具,它的长处就在于能够揭示隐藏在文本中的意义,而不是仅仅对媒介内容进行描述。米歇尔·福柯(Michel Foucault)发展了符号学理论,并把它用于对符号表征的分析,他认为,按照皮尔士对符号的分类,可以把图像分成图像符号、标志符号和象征符号三种类型。其中图像符号是一种描绘性符号;标志符号也叫索引符号,是对某事某物存在的指示,观者依靠自然法则或社会法则对其进行理解;象征符号虽然表面是对事物具体的描写,但是蕴含某些抽象概念,比如五星红旗上的五颗五角星拱卫图形及其相互关系象征共产党领导下的革命人民大团结。这三种类型的符号以不同的表征方式存在,图像符号和标志符号可以凭借直觉经验来理解,而象征符号则要依照文化惯例来解读。不仅如此,福柯还将符号扩展到话语方面,进而提出三种递进话语模式——相似性模式、表征模式和自我指涉模式。相似性模式的话语认为符号的价值是因其与某物相似而构成的;表征模式的话语强调符号的象征性,话语的能指/所指/相似三元解耦逐渐被能指/所指的二元结构所取代;自我指涉模式强调了符号创作者自我表达的重要性。⑤

---

① Peirce C S. The Collected Papers of Charles S. Peirce[M]. Cambridge:Harvard University Press,1931.
② 罗兰·巴特,让·鲍德里亚等.形象的修辞:广告与当代社会理论[M].吴琼,杜予,译.北京:中国人民大学出版社,2005.
③ 曹晋.批判的视野:媒介与社会性别研究(Media and Gender Studies)评述[J].新闻大学,2005(4):3-12.
④ 利萨·泰勒,安德鲁·威利斯.媒介研究:文本、机构与受众[M].吴靖,黄佩,译.北京:北京大学出版社,2004.
⑤ 米歇尔·福柯.词与物——人文科学考古学[M].莫伟民,译.上海:上海三联书店,2001.

小问答

1. 符号学理论如何将图像分类？
2. 试用符号学理论解释中华人民共和国国旗的符号意义。
3. 阐释利斯伯特·凡·祖能的图像符号分析方法。

第一节 视知觉传播

知识要点

1. 符号学理论中的四对概念；
2. 图像意识理论对解读封面图像的启示。

一、图像意识现象学理论审视

历史进入图像时代，较早让人们注意这种发展的是德国哲学家马丁·海德格尔（Martin Heidegger）。他指出："世界图像并非意指一幅关于世界的图像，而是指世界被构想和把握为图像了……世界图像并非从一个以前的中世纪的世界图像演变为一个现代的世界图像；不如说，根本上世界变成了图像。"[1]德国哲学家埃德蒙德·胡塞尔（Edmund Husser）创立的现象学与图像的逐层解读关系密切。胡塞尔认为现象是一切知识的根源或起源。为了彻底认识事物，就必须将有关这一事物的一切观念、信仰、理论加以"悬搁"，放在括号内存而不论，而从直接直观的经验出发寻求事物的本质。他们的后继者始终坚持呼吁人们"面对事实本身"。在这种理论中，视觉直观占有极其重要的地位。胡塞尔说过，原初在确切意义上进行直观的意向体验是对一个事物的视觉感知。[2] 现象学本质直观的理论启发我们，媒介封面中的女性形象的选取是媒介视觉新闻记者通过自己的本质直观，摄取反映当时新闻、社会本质的瞬间和片段。其中就包含主体在选取代表形象时的思维认知。我们在观看这些典型形象时运用"看的思维"，达到对事实本质的体认。显然，这种奠基于视觉直观、本质直观基础上的图像解读给我们更多的启发。此外，奠基于视觉感知的感觉直观和本质直观基础上的

---

[1] 马丁·海德格尔.林中路[M].孙周兴,译.上海：上海译文出版社,1997:50.
[2] 埃德蒙德·胡塞尔.生活世界现象学[M].倪梁康,张廷国,译.上海：上海译文出版社,2002.

封面图像,必然受制于个体感知和社会认知,也就是说,封面图像的选取、制作、传播和接受必然受到社会的影响和制约,如画面的构图方式、拍摄角度的选择和运用、剪辑的技巧、传播的形式和内容等,要符合人们生理上的视觉习惯和人们在社会政治、经济、文化方面等形成的社会视觉习惯,符合特定的社会法律和伦理道德。当然,也有个人对图像本身的直接感受,如色彩的浓淡变化、镜头运用的景别选择、情感的唤醒等。

二、图像学分析的三种客体分析

胡塞尔在《逻辑研究》中将图像意识看作一种想象行为。我们这里所说的图像意识指的是一种借助于图像(包括图片、绘画、线条等)进行的想象行为。按照胡塞尔意识整体结构层次理论,想象属于直观行为,图像意识因此也属于直观行为。它包括图像意识的本质结构、图像意识中的三种客体、图像意识中的三种立义及各立义之间的关系。

(一)图像意识的本质结构

胡塞尔在 1904 年 5 月的"想象与图像意识"讲座中,大致阐述了图像意识的复杂结构:图像表象的构造表明自己要比单纯的感知表象的构造更为复杂。许多本质上不同的立义看起来是相互叠加、相互蕴含地被建造起来,与此相符的是多重的对象性,它们贯穿在图像意识之中,随注意力的变化而显露给偏好性的意向。这里所说的立义,是指意识活动的一个过程:一堆杂乱的感觉材料被统摄,并被赋予统一的意义,从而使一个独立的对象产生出来。[①]图像意识活动就是各种立义交织在一起的过程。

(二)图像意识中的三种客体

胡塞尔在他的意识分析中遵循著名的"内容(感觉材料)—立义(统摄)"范式:意识活动意味着将一堆杂乱的感觉材料立义、统摄、理解为一个统一的对象的过程。在图像意识中可以区分出三种客体。第一种客体是物理客体,也可以称为"物理事物""物理图像"或"图像事物"。第二种客体是展示性的客体,即图像客体或称"精神图像"。第三种客体是被展示的客体,即图像主题。这三个客体往往以"图像事物—图像客体—图像主题"的逻辑顺序出现,图像事物唤起图像客体,而图像客体又表象着图像主题。

(三)图像意识中的三种立义及各立义之间的关系

对图像事物的感知立义是一个普通的感知,比如,我们说"这是一张照片"时,这个感知立义就完成了。但在图像意识的情况下,图像事物始终处在背景中,几乎不被注意到,我们的兴趣主要集中在图像客体上。图像事物起着一个类似载体的作用,没有图像事物,图像意识就不可想象。

胡塞尔又将图像客体的立义称为"图像的立义""图像客体显现"或"图像客体意识"。它

---

① 倪梁康.图像意识的现象学[J].南京大学学报(哲学·人文科学·社会科学),2001(1):32-40.

主要通过相似性来展示特征,即在图像中观看的特征。图像显现不是普通的事物显现,而是一种感知性的想象,它缺少现实性特征。也就是说,图像意识中的图像客体不是被感知为存在,而只是被感知,更多地显现为精神图像。通过这种感知立义而具有一个图像形式的非感知对象。

对图像主题的立义不是感知立义,而是想象立义。在图像主题意识中,图像主题并不是作为第二个对象而被意指,即"意向指向它",与其说人们看图像,不如说人们随着图像看或根据图像看。图像主题和图像客体是相互交织、相互蕴含的,它们两个必须是相似,这样才能连接在一起,但二者不能完全一样。另外,图像客体和图像主题之间的相似性关系是区分图像意识和符号意识的关键所在。

三、图像意识理论对解读封面图像的启示

第一,根据图像意识中的三种客体理论,我们可以对封面图像进行分类。与其他图像一样,封面图像意识也具有三种客体,即图像事物、图像客体和图像主题。

根据图像事物与图像客体、图像主题之间存在的关系,封面图像又可分为两类:一类是图画、漫画和图示,其图像事物与图像客体、图像主题之间只具有相似性,不具有标记性;另一类是封面摄影图片,其图像事物、图像客体、图像主题之间不仅具有相似性,还具有标记性。比如一张封面摄影图片,图像事物是感光胶片冲洗后的印刷品,图像客体是关于某一人物或事物的影像,图像主题是这个人物及其代表性。人物的某一瞬间形象被视觉新闻记者拍摄记录在感光胶片上,经冲洗印刷,形成了该人物某一阶段的影像,即图像客体。它们之间显然存在因果关系,这种因果关系就叫标记性。而图画、漫画和图示的图像事物与图像图像客体和图像主题之间没有因果关系,只有相似性,不具有标记性。

第二,对图像事物的感知立义理论启发我们,不仅要注意图像事物,还要顾及图像客体,否则这个感知就是一个通常的朴素的感知,与图像意识毫无关系。在图像意识中,我们的兴趣主要集中于图像客体。图像事物处在背景中,几乎不被注意,这样便于我们对封面视觉新闻工作者精心捕捉、描述、构思、记录和营造的图像客体进行充分理解和挖掘。

第三,对图像客体的立义理论告诉我们,图像客体显现不是普通的事物显现,而是一种感知性的想象。这说明任何媒介的封面图片客体,不管它如何标榜真实、客观、公正而准确地反映事实,都只不过是客观的相似物而已,不可能百分之百与现实一样,因而,其倾向性不可避免。比如,照片《山村女货郎》是视觉新闻记者在山村拍摄的反映山村村民丰富物质需求的照片,但这张照片不能完全等同于事实。

第四,对图像主题的立义理论告诉我们,对图像主题的立义不是感知立义,而是想象立义。图像客体并不是简单地显现出来,在它显现时还有图像主题被带出来。正因为图像主题是特殊的想象立义,面对同样的摄影图像客体,不同的人、不同的时代,由于立场、知识素养、倾向、态度、所处社会群体等不同,会意向出不同的图像主题:有的深刻、有的浅薄,有的丰富、有的单调,有的与传者意图一致、有的则会与传者意图南辕北辙……不同的图像主题会引起人们不同的心理或情感反应。

四、结构图像学理论

(一)结构图像学理论分析方法审视

根据著名图像学家欧文·潘诺夫斯基(Erwin Panofsky)的说法,图像学是艺术史的一个分支,它关注的是艺术作品的主题和意义。基于许多艺术作品的内容都是象征性的,"这些作品常常会掩饰起来,看上去普普通通,然而,意义却被'隐藏'"[①],揭示这些文本的意义是图像学的首要任务。在本研究中,我们借用潘诺夫斯基设计的一个"三点系统"结构,从以下三个层面来解读图像。第一个层面叫初级或自然层,它分为事实和表达两个部分。在这个层面上,我们的主要目的是识别图像文本最基本的主题、展示的简要内容以及传达主题的氛围。我们理解这个层面,不需要任何内在的文化、习俗和艺术知识,只需要将日常生活的实践经验带入其中,所见即所得。第二个层面叫传统层,这是图像学真正开始起作用的地方,从仅识别主题的第一个层面进入解释图像的第二个层面。为了理解第二个层面的意义,我们必须了解其中所运用的机制,即系统的文学、艺术和文化的知识。第三个层面是最深的本质意义或内容。这个层面揭示了潜在的意义,对国家、时代、阶级、宗教或者哲学信仰的基本态度被无意识透露出来并压缩在作品里。这带有穿透性的第三个层面是图像学的最终目标。[②] 这三个层面可以从宏观上帮助我们初步解读图像主题,解释结构,建构意义。

在运用潘诺夫斯基图像学方法进行解读的基础上,理查德·豪厄尔斯(Richard Howells)从细处入手,提出了解读图像文本的一套结构方法——解读视觉文本的建构,首先从总体上把握,然后把注意力逐渐转移到具体和特定的细节上来。这种简单的、逐层深入的系统研读图像的方法,具体内容包括:绘画的类型或风格;中心或者基本的主题;特定场景的位置或环境;作品所描绘的历史时期;作品所展示的年份或季节;作品所描绘的一天中的时光;作品所捕获的特定的瞬间。这样的一套结构方法可以迫使我们从细节上去主动观察一幅画,积极地去审视它,而不是简单地随意看看;同时,它使我们将注意力放在画面本身的视觉内容上,最重要的是,它鼓励我们提高视觉素养,学会对立审视视觉文本。[③] 这对我们把握媒介封面形象的内部结构具有很好的启示。

如果说潘诺夫斯基和豪厄尔斯的绘画解读理论更适合于静态的图像文本,那么,图像叙事学则更适合于电影、电视等动态图像。图像语言具有叙事功能,作为信息的载体的图像与图像之间,按照一定的逻辑顺序连接起来产生起承转合;并且通过图像符号的象征意义、图像与图像之间连接产生新意义来共同进行内容的表达。从传播学的角度看,图像的叙事结构为:真正的图像生产者有一个图像表达的观点(形成潜在的图像生产者),这个观点针对一个读故事的解读观点(面对潜在的图像观者),通过组织图像元素(展现者),并且考虑可能的解读方式(展现对象),最终形成一个图像化的故事。[④] 同时,我们还注意到了以纳尔森·古

---

① 理查德·豪厄尔斯.视觉文化[M].葛红兵,译.桂林:广西师范大学出版社,2007.
② 理查德·豪厄尔斯.视觉文化[M].葛红兵,译.桂林:广西师范大学出版社,2007.
③ 理查德·豪厄尔斯.视觉文化[M].葛红兵,译.桂林:广西师范大学出版社,2007.
④ 任悦.视觉传播概论[M].北京:中国人民大学出版社,2008.

德曼(Nelson Goodman)为代表的一些学者关于图像价值标准的论述,古德曼认为,所有的表述都是象征性的,图像也不例外。对图像的解读必须在特定的文化语境和认知语境中展开,解读随着指代物的特性、所处的语境以及习俗的变化而变化。古德曼认为,图像同时具有再现性和象征性。比如,一张照片可以看作具有一定程度的现实色彩,具有再现性,但是随着解读语境和文化语境的变迁,这张照片也可以具有象征性。受图像叙事方法启示,我们还可以运用图像学的"颜面指数"方法来解读图像文本,具体通过颜面指数的高低来把握女性身体形象被关注的程度及其背后的推动力量。

(二)结构图像学理论对图像解读方法的启示

首先,无论是静态图像还是动态图像,都强调图像的象征意义,在不同层次上展开对意义的表征。用一种视觉修辞的方式对图像符号象征意义做进一步分析,有利于我们在探讨图像被用于一种积极的传播目的时,解释其如何发挥象征作用。

其次,图像不仅是感性的,也是理性。图像作为一种视觉语言,具有内在的逻辑性。只有结合视觉认知的特点和图像表征的特点,按照图像的语法解读图像,才能把握图像的隐含意义与象征意义。

最后,我们在关注图像建构形象的同时,还应还原对象的"在场"。我们要力图从图像的符号学转向对图像的在场和本体论的探索,关注图像本体,将图像提高到和语言相同的中心地位,不仅关注图像的意义阐释,还研究它的生命和欲望。

资源拓展

图像意识的三种立义之间的关系解读

图1-1是1961年第2期《中国妇女》封面图,封面图人物是工人家属中积极参加农业化生产的一面"红旗"——上海市浦东县严桥人民公社同心生产队第五小队队长朱林妹,她领导社员努力提高蔬菜产量的同时,积极增加蔬菜品种,以满足人民需要。新中国的劳动偶像以参加城市工业生产的女劳模为主,但也不乏从事农业劳动的女性劳动者。

下面就以图1-1为例来解读这幅期刊封面图像意识中的三种客体。

1. 图像事物

湛蓝的天空、洁白的云彩、绿色的田间地头以及包着头巾、穿着对襟布褂的农村妇女组成一幅彩色的静止的画面。这一幅画面承载着图像客体。虽然这种感知过程是最底层的具有意向能力的意识行为,但并非所有感知都能代表最原本的意识。有的人由于认识能力、知识素养不同,就只能建立一种朴素的感知,内在感知和超越性感知无从谈起,而人们只有在超越性感知之中才能区分原本意识和非原本意识。例如,当这位抱着花菜的农村妇女的图片呈现在我们眼前时,我们看到的

图1-1　1961年第2期《中国妇女》封面图

这个形象是图画事物给予的,它是"当下给予"之物;而我们没有看到的她带领其他姐妹为丰富农村生活物资所进行的劳动则是以非原本形式给予我们的,但它是"共同被给予"之物。这种超越性的意识是由原本意识和非原本意识一同组成的。①

2. 图像客体

封面的图像客体是一名妇女在田间地头抱着花菜留影,从而展示妇女从事社会生产劳动的场景。对这种精神图像的体认本身就包含自然的思维态度,不需要抽象思维。我们可以从图中妇女的装扮判断她所处的年代和当时广大妇女的精神面貌,因为这种画面的构图方式以及背景的选择具有年代特征。

3. 图像主题

这幅封面图展示的图像主题就是千千万万妇女响应政府号召,投入轰轰烈烈的劳动大生产。

这幅图中的图像事物与图像客体、图像主题之间的关系有以下特征。

第一,图像事物和图像客体具有不同时显现的双重对象性。随情况不同,关于图像事物的意识可以起很大的作用,也可以起很小的作用,也就是说,假如图1-1的女性人物我们并不熟悉,我们的注意力会在一定程度上受到干扰,或者对照片人物的感知始终处在背景中,我们的兴趣主要在于认识图像客体,我们并不关心图像客体在媒介上出现的原因,只感知这个农村妇女在田间地头留影。

第二,图像事物对图像客体、图像主题起奠基作用。尽管作为图像事物的蓝天、白云及彩色冲印背景几乎不被我们注意到,但它们对我们建构图像意识来说是不可缺少的。图1-1的背景物其实起着一个载体的作用,没有蓝天、白云和田间地头这个图像事物,所建构的女性投入生产劳动场景的图像意识就无从产生。

---

① 陶东风,金元浦.文化研究[M].天津:天津社会科学出版社,2002.

第三，图像事物和图像客体、图像主题是"非真正的争执"的关系。在观察该封面人物时，我们看到图像事物显现的是一张彩色照片，而图像客体显现的是女性投入农村生产劳动。这就是胡塞尔所称的"非真正的争执"。根据胡塞尔的立义理论可知，这里所涉及的不是两个建立在同一立义内容上的感知立义，而是一个感知立义和一个感知性的但不设定的立义。

从以上解读中，我们可以看到现象学理论中图像视觉直观的重要性，无论从图像事物还是图像客体、图像主题，我们都能解读其固定模式化的政治一体化劳动生产型特征。正如胡塞尔所说的，视觉具有在直观中把握事物本质的能力。因为直观中就包含思维，主体在对眼前事物的观看中就已经包含了对事物本质的体认，包含了思维的性质，而无须再经过抽象的阶段。[①] 可视化图像作为语言之外的存在，在意义表达上比语言更具备基础性——这就为直观的普遍化的视觉形象确立了合法性。现象学的图像视觉直观理论不但不排斥思维形式，而且认为直观是一种不同于传统认识论的思维形式。也就是说，按照现象学的观点，我们在面对各种封面图像时，其实就是在通过眼与心直接地把握可视化图像、获取本质，而无须借助语言进行中介转换。

第二节　媒介中的视觉素养

知识要点

1. 视觉素养的概念；
2. 视觉素养的主要观点；
3. 视觉素养教育的意义。

一、视觉素养与信息传播

视觉素养是指具有视觉感官的正常人自觉培养能够辨别、解释、批判生存环境中的自然或人工的视觉行为、对象或符号，并能创造性地运用它们进行交流和思考的能力。1947年，厄尔·C.凯利出版了《为真实的教育》，他认为教育应解释所看到的任何事物，而解释应建立在观众的动机、目的和经验基础上，他还详细探讨了这些因素对教育的意义。这本

---

① 徐小立，秦志希.媒介文化的"视觉转向"及其传播策略[J].新闻与传播评论辑刊，2004(1)：72-76.

书几乎被所有文献目录推荐为视觉素养的参考读本。① 20世纪四五十年代,带有秩序感的视觉方式如电影和按顺序播放的幻灯片等,带动了漫画书的出现,这意味着人造视觉秩序已经出现。

20世纪50年代中期,电视在美国普及,推动了视觉素养的发展。孩子们通过电视习得了大量视觉语言习惯和技能,这也成为后来视觉教育研究的重要内容。同一时期,印刷媒体也得到迅猛发展,对视觉素养传播产生了巨大影响。各大杂志、报纸使用图片报道内容,并且图片在报道中所占的比例越来越大,与此同时,图片作为主要信息传播方式也出现在许多书籍中。

视觉素养对传播者和受众双方实现有效沟通非常重要。人类通过视觉获取信息,从而理解和感悟其中的意义。如果通过视觉所获取的信息难以理解,或者模糊不清、似是而非,那么就不能通过视觉传达信息。在市场的驱动下,大众对传播的理解逐渐从传播者本位转变为受众本位,而视觉素养所具备的自觉培养性,则能使媒体从业人员的操作理念摆脱"受众即市场"的物质产品生产观,不仅生产高质量的信息产品,还生产具有文化教育意义的精神产品。受众的视觉活动具有自发性,而且受众的视觉能力可以通过教育和学习来增强。如果人们拥有对每天所接收的铺天盖地的媒体信息进行视觉判断的能力,便会对所接收的视觉信息做出更为有效的判断,能够发现更多的事物、更多姿多彩的自然世界,以及各种人工构造物、造型设计、绘画、平面设计、影像等在视觉对象中表现得更深层次、更全面完整的艺术内容,从而提高传播者的信息传播效率。

二、视觉素养教育

(一)视觉素养培养的新需求

民族符号内涵和形态上的继承情况反映着民族文化的可持续发展、再生和创新状态。中国式符号作为中华民族精髓的一种体现方式,具有自己特殊的价值,表达了中国式的精髓、思想和意境。数字网络科技的蓬勃发展为中华优秀传统文化的继承和发展提供了崭新的契机。

1. 新媒介时代中华优秀传统文化产业的多模式发展需求

视觉媒介作为新型媒介,已成为人的视野延伸,不但影响了人们阅读的范围与形式,也深刻影响了社会文化传递的深度与广度。新型媒介是当代大众了解资讯以及人生观形成的重要方式,新型媒介的资讯传递不局限于单纯的文字阅读,而是存在各种各样的多模态阅读形式。中华优秀传统文化若想获得良好的传播,还需要根据现代媒体要求进行适当改变。

由于目前互联网信息中存在的中华优秀传统文化资源稀缺,公众很难通过新型媒介系统地认识中华优秀传统文化,更不能自觉地运用新型媒介来表达中华优秀传统文化。同时,

---

① 张倩苇.视觉素养教育:一个亟待开拓的领域[J].电化教育研究,2002(3):6-10.

来源于西方的大众视觉艺术传统文化信息以其高度消费化、大众化等特征,在信息传播中占有重要地位,并影响了中国大众视觉艺术消费行为。由于我国独特的视觉艺术传统文化信息产品和外来西方视觉艺术传统文化信息的消费此消彼长,中国视觉艺术文化产业的消费与其制造、革新、传承的力量已经产生了很大差距。中华优秀传统文化的文本类型、媒介形式与表达手法如何趋向于视觉化、多样性、数字化,并渗透到人们的日常生活中,成为其在新型媒介环境下存活和创新式蓬勃发展的关键。

2. 中华优秀传统文化和视觉艺术发展的共生关系、并存需求

当代视觉文化是在新媒体技术基础上产生的。不同的生产方式决定了它是一种不同于传统视觉文化的文化类型。传统文化必须根据新型媒介的特性和优点转换为适当的"符码",才能在新型媒介环境中顺利地存活与传递。新型媒介艺术作为西方历史、思想、人文发展的必然产物,和西方人"恢复形象以保留灵魂"的视觉语言美学具有相同的基因渊源。所以,当代视觉文化是对西方人"重视现实主义"艺术观点的传承与拓展,新型媒介和西方传统视觉艺术话语之间具有很自然的互动和融通感。

我国传统文化和数码动漫等新型媒介在技术本体上具有必然的冲突,在视觉表现形式上有着不同的文化特征,但两者之间也存在一定的相关性。视觉元素的自然特征是它们所表达的共同对象。新型媒介是一个新阶段的艺术形式,其内容与外延是不平衡的,其文化成分、方法与表现风格有巨大的延伸余地与继续演变的机会。在艺术层面,新型媒介的特点与文化符号的特性,加上中华民族特有的审美理念、思维观念与审美方式,将给当代视觉文化以充足的养分,催生具有民族风格的当代视觉文化。

3. 中华优秀传统文化的认同建构与视觉品质提升的内在需要

中华优秀传统文化绵延数千年,依靠的是优秀文化传播主体的代代相传。而如今,由于信息化传播所造成的各种影响,中华优秀传统文化的传播主体面临巨大的变化考验。仅仅通过文化遗产的间歇性活动展示或专业化保护模式,很难有效地在人民群众中宣扬我国传统文化的价值精髓。因此,我们要采取各种措施调动文化宣传的能力,让广大群众尤其是在校学生对中华优秀传统文化具有基本认知,产生自豪感。中华优秀传统文化凝聚着中华民族自强不息的精神追求和历久弥新的精神财富,是发展社会主义先进文化的深厚基础,是建设中华民族共有精神家园的重要支撑。唯有形成自觉传承中华优秀传统文化的意识,才能扛起中华民族伟大复兴的重担。

因此,当代教学要将传统视觉文化传播方式与新文化的传播形式相结合,根据中华优秀传统文化的新型媒介发展和当代人类对视觉文化生活的需求,开发整合中国传统文化教育内容的现代视觉素养与启蒙教育系统,让更多的中国人拥有视觉文化文明生产力发展需要的新视野和新能力,以推动中华优秀传统文化教育新型媒介生态的合理传播和再生。

(二)培养学生视觉素养的意义

视觉素养可以增强学习者的感知能力,从而提高其认知水平。由于视觉形象能够使抽

象的概念具体化,使较复杂的内容易于理解和掌握,所以在课堂上运用视觉形象有助于学习者把握文章的内涵。科学研究已经证实,当学习者同时听到和看到相同的东西时,学习效果最佳。视觉素养中的读写能力的培养还可以增强学习者文字知识方面的能力,提高学习者的翻译与写作能力。

视觉素养有助于激活并提高学习者基本的素质能力,使其素质得到充分的开发。其中较为明显的是提高学习者的阅读和交流技能。假如学习者没有掌握有利于产生视觉的分类方法,其有效运用这些信息的能力将会受到限制。视觉素养就像视觉句子中的一个个词,学习者能够运用的词越多,有效交流的可能性就越大。另外,视觉素养也有助于培养学习者的审美意识,使他们懂得鉴赏并创作富有美感的作品。

视觉素养教育对于喜欢视觉信息的学生、聋哑学生以及学习口语或书面语言有困难的学生来说是一种福音。长期以来,我国中小学教材大多采取"注入式教学法",重视文本和数字,忽略视觉思想和创意,以分析性语言压倒了对情感的生动描写,从而限制了人的情感和想象力。

在信息时代,培养学生的视觉素养具有重要意义。当今社会,学生可以很方便地利用网络获取图形、图像,以及其他视觉形象。此外,图形和图像在与文本的互动中发挥了积极的作用,极大地改变了视觉素养的内涵。在以打印材料为基础的年代,人类往往忽略了视觉形象,仅在文字中获得自身所需要的信息。阅读、书写和计算,这些以印刷为基础的素养技术成为当时人们的基本功。在多媒体和网络环境中,理解和创作视觉形象的能力也变得与阅读、书写和计算一样重要。早在第二次世界大战前后,法国哲学家瓦尔特·本雅明(Walter Benjamin)等人就预见到,视觉符号文学正在超越语言符号,成为文学的主体形式,并提出当代通过电子媒体传播的文学就是视觉文化。所以,我们必须帮助学习者成为熟练的视觉语言解码者,让其拥有处理日益增多的基于计算机信息系统的知识的能力,批判性地思考和运用视觉信息,准确地理解其内涵,并通过视觉教材实现有效沟通。[1]

资源拓展

智媒趋势下新闻编辑视觉素养培育的文化维度[2]

信息发展历史中从未有哪个时期像今天这样视觉资讯以移动化的姿态无处不在。网络匿名、公开与低门槛的新媒介特征以及数码网络对大众化媒介的广泛应用,释放了大量媒介空间,并极大程度上赋予了人们新媒体接近权、传递权和介入权。在人人皆可成为摄录者的环境下,资讯传递不再是大众传播媒介的特权,广大网友与新闻从业者一同开拓了新闻现场"看"与"被看"的情景,从而导致媒体视觉信息泥沙俱下、鱼龙混杂,新媒体编辑与视觉作品处理的困难大大增加。

---

[1] 张倩苇.视觉素养教育:一个亟待开拓的领域[J].电化教育研究,2002(3):6-10.
[2] 蒋琳.智媒趋势下新闻编辑视觉素养培育的文化维度[J].中国编辑,2019(1):44-48.

一、视觉信号过多导致注意力损失

在互联网上,人们可以看到各种各样的资讯和链接,有琳琅满目的照片,有形象生动的 GIF、表情包和设计精良的 H5 网页,还有微影像、微新闻、资讯类的影片,甚至有可以进行沉浸式感受的 360°全景或 VR 信息,互联网上视觉信息随着这些链接进行了变化和跳跃。拥有智能设备的人被眼花缭乱的信息内容包围,虽然表面上看这些信息大大提高了传播信息内容的"悦读"性,但其实能够让用户有所见、有所思的信息内容很少。就像国家学术研究院相关数据所表明的,79%的网民对网络信息内容都是一扫而过,而且绝大部分视觉资讯也都被过滤掉了。我们被大量视觉资料包围,不但把时间花费在对有用资料漫无边际的搜索中,而且在被视觉资料转移了视觉兴趣的同时,也影响了自主学习的能力和思考力。新闻编辑需要明白的是,视觉资讯的"洪流"不可阻挡,只有培养有效运用视觉资讯的技能,并专注思考、合理利用资源,才能有效把握信息素材。

二、后真相躁动下的新闻焦虑

2016 年,牛津词典把 post-truth(后真相)选为年度英文词汇,该词描述了相对于客观实际,在消息传递中的真实性有时不那么重要,更重要的是个人情感与态度的情形。这也表明,很多人不再关注事实究竟是怎样的,他们只相信直觉,希望看到自己想看到的内容。而互联网的各种照片、影像等资料,在传递链条上当然并不存在所谓"眼见为实"的铁律。一方面,大量真实数据被庞杂冗余的数据掩盖,尽管有图有视频可以作为事实的佐证,但因为上述视觉资料很多并非来自记者,只是网友抓取了新闻中的部分视频,或将图片移花接木,导致不实资料大行其道,误导社会,造成不良的效果。另一方面,一些人没有责任感地滥用技术,如有人为博眼球罔顾事实对照片进行过度虚伪的加工,恶搞乱编视频,对社会审美标准进行怪诞离奇的丑化等,这些行为不仅未能传播正面讯息,而且导致受众非理性心态的泄愤以及对社会戾气的戏仿调侃之风盛行。媒体编辑必须清楚,互联网中很多视觉资讯不具备新闻报道意义,所包含的信息真实性也无法把控,更没有深厚的道德内涵,所以对此必须潜心辨别,切勿拿来主义、不辨是非。

三、视觉快感增强信息泛娱乐化倾向

弗洛伊德的快乐原则指的是人本身对追求快乐、避免痛苦以满足自身生理及心理需要的本能追求。巴赫金的狂欢理论是指由狂欢节推行出来的狂欢式、狂欢化等一系列概念术语的总称,是一种关于狂欢的理论,这个狂欢方式主要反映在仪式性的自然奇观、喜剧形式的语言作品以及各种类型的粗言俚语上。事实上,早在传统媒体时代,电视节目业已显示出强烈的商业性意图,极大地影响着受众的视觉审美,使人们的消费主义趋向愈发强烈。当今是智能传媒阶段,全媒体报道的视觉转向,更是极大地追求"好看"的新娱乐形态,并激发受众不遗余力地寻求视觉娱乐的兴趣。在一种休闲戏谑中,部分网友的思想日渐肤浅,品德越来越败坏,甚至见到"某人因舆论压力自尽""某人舍己救人"等时都叫嚣轻生者不值得同情,救人者也不该救人。视觉信息具有隐喻含义与审美取向。互联网区别于其他媒介的基本特征之一,便是信息的病毒式传递和信息反馈的高度交互性,新媒体编辑在引导互联网舆论与传播正确价值观时,要以正确的形象进行最先进的视觉化创作,以维护新闻报道的客观公正性和相对独立性。

本章回顾

本章着重介绍了视觉文化传播下的视知觉理论发展沿革,梳理了符号学理论对图像解读的方法和意义;让学生掌握运用视知觉理论分析图像的方法和技能,培养融合传媒中的媒介视觉素养,具备融合传媒的视觉传播能力。

关键概念

视知觉理论 图像学分析 视觉素养

复习与思考

1. 什么是视知觉理论?
2. 视知觉理论沿革中符号学发展的意义如何?

单元实训

1. 分析视觉图像报道中的封面图像,用符号学理论分析其图像的意涵。
2. 试用图像学分析方法分析普利策新闻奖作品中图像的视觉表达。

视觉新闻报道概述　第二章

本章思维导图

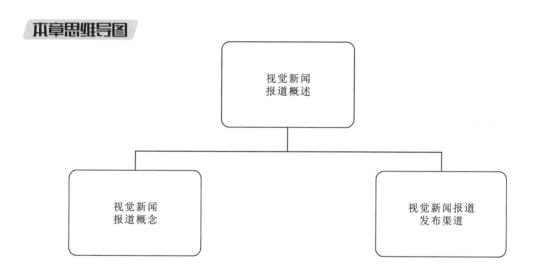

课前导读与体验

人们一般从广义和狭义两个层面对视觉新闻加以理解和运用。广义的视觉新闻泛指一切用摄影手段进行新闻报道的活动,包括用照相机(still camera)拍摄照片(photograph)、用摄影机(cinecamera)拍摄新闻纪录电影(documentary film)以及用摄像机(video camera)拍摄电视新闻(TV news)这三大类用影像与语言或文字相结合报道新闻的手段。随着数字影像技术和网络传播,特别是移动互联网技术的发展和手机摄影、视频拍摄功能的普及,私摄影、公民记者时代悄然到来,小型数码相机、家用DV摄录机和手机等,也广泛参与到广义的视觉新闻传播活动中来。

本书讨论的是狭义的视觉新闻,指以照相机或者手机的照相及视频拍摄功能为手段,拍摄照片或短视频,对新闻事件、事物和新闻人物进行新闻现场摄影纪实,以及拍摄与新闻事实相关的内容,以图文结合或视听结合的形式在新闻媒介上发表,以形象化地传递新闻信息为目的的新闻报道手段。

小问答

1. 视觉新闻主要有什么特性？
2. 视觉新闻工作的特点是什么？
3. 融媒体时代，怎样才能避免视觉新闻报道失真？

第一节 视觉新闻报道

知识要点

1. 视觉新闻的定义、内涵及相关概念；
2. 融媒体时代视觉新闻工作的特点；
3. 视觉新闻核心产品。

一、视觉新闻概念

(一)定义

融媒体时代，视觉新闻传播的媒介除了传统的报纸、杂志、电视，还有网络（移动互联网）等，同时，还可以运用新媒体技术对视觉新闻照片进行多平台、多形式、多角度的融合报道。日益强大的网络媒体，不仅为视觉新闻传播提供了无限量的发布平台，而且在流媒体技术等新技术的推动下，催生了新的摄影报道形式，如数据新闻可视化、直播、地图新闻、全景摄影、无人机航拍等，还有通过微博、微信、短视频平台等传播的集图片、文字、视频、音乐、同期声等于一体的视听结合的多媒体报道形式。视觉新闻记者不仅要使用传统的照相机拍摄照片，还要能够拍摄微视频、操作无人机进行航拍、利用手机进行现场直播，当然还要写文字报道，要具有进行全媒体报道的综合技能。

在传统的新闻传播学中，视觉新闻是与文字新闻、广播新闻、电视新闻等相对应的一种新闻传播形式；在媒介融合时代，视觉新闻图片是以多媒体技术、媒体融合技术为依托的融媒体报道中不可或缺的视觉要素。

国内关于视觉新闻定义的探讨始于20世纪80年代中期。著名记者穆青于1983年根据日本共同社目击式新闻的提法提出视觉新闻，即记者在新闻现场亲自观察感知所采写的新闻。对此,任稚犀、张雷1989年在《新新闻体写作》一书中进行了专门论述。在采访上,视觉新闻把用眼睛观察感知放在重要位置,而将侧面了解放在辅助位置;在表现手法上,它强调多描写、少陈述。[①]

从另一个层面看,视觉新闻报道和新闻摄影报道同根同源,二者都是图文结合的报道形式,图文是一个综合体,单取其照片是报道不了新闻的,读者不能从中获取明确的新闻信息。以新闻摄影的标准看视觉新闻,复旦大学新闻系颜志刚1985年在《新闻摄影定义的探讨》论文中认为,照片只能部分地而不能完全地告诉读者新闻对象是谁,在干什么,至于"为什么""怎么样"这一类新闻要素,在照片上更是无法被明确交代。现代新闻工作对新闻摄影的要求并不满足于单纯地提供新闻事实(对其他新闻手段的要求也一样),往往还要求提供新闻事实的原因和更深刻的含义。这一点,单纯靠照片,哪怕拍得再好,也是实现不了的。这样讲并不是想强调在新闻摄影里文字部分比照片部分更重要,而是想说明,将新闻摄影的文字部分视为"附属地位""陪衬作用"是不恰当的。作为视觉新闻记者或者想成为视觉新闻记者的人,应该认识到视觉新闻工作是把拍照片和写文字结合起来的工作,而不仅仅是拍照片的工作,只会拍照片而不懂得写新闻性文字说明的人,不能成为称职的视觉新闻记者。

根据前述认识,大部分人对视觉新闻的定义可以概括为:视觉新闻是用摄影手段记录正在发生的新闻事实(或与该新闻相关联的事实),结合具有新闻信息的文字说明进行报道。这个定义规定了以下几点:第一,视觉新闻的对象是新闻事实;第二,视觉新闻的手段和表现形式是照片和文字的结合;第三,视觉新闻的拍摄要求是正在发生的新闻事实或正在发生的与该新闻相关联的前因后果;第四,视觉新闻的文字要求是具有新闻信息并与照片内容相关联;第五,视觉新闻的基本职能是形象化地报道新闻(通过照片和文字的结合)。

其实,很早以前人们就意识到了文字说明写作对于视觉新闻的重要意义。比如,颜志刚的《新闻摄影定义的探讨》论文,全面论证了视觉新闻报道图文结合的必要性和重要性,也充分说明了视觉新闻记者必须既能拍照片,又会写具有新闻信息的文字说明。另外,中国人民大学的徐国兴早在20世纪60年代就曾写过一篇题为《写好新闻照片的说明》的文章,该文章发表在《新闻业务》1961年第3期上。他认为,新闻照片主要是以形象再现的形式来报道新闻事件,宣传党的政策思想,但是,照片的意义,除了靠照片本身的形象来说明外,还需要文字说明。文字说明是新闻照片十分重要的组成部分,任何新闻照片只有配以文字说明,才能阐明照片所反映的新闻事件的意义、背景情况,及其发生的时间、地点等。他还明确指出,我们要求新闻照片的说明写得简练、扼要、明确,善于用最少的词句来说明最丰富的思想内容。

1986年,蒋齐生在《再议照片"形象说话"与文字的关系》一文中明确对新闻摄影进行了如下说明:作为一种视觉新闻,新闻摄影是新闻形象的现场摄影纪实,以附有文字说明的新闻照片形式传递信息。

[①] 刘建明.宣传舆论学大辞典[M].北京:经济日报出版社,1993.

近年来，除了传统的拍摄照片的功能外，照相机的拍摄功能进一步延伸，新增了视频拍摄的功能，同时手机拍摄照片和短视频的功能日益强大而普及。在视觉新闻实践中，同时拍摄图片和短视频已经成为视觉新闻记者的日常。

综上所述，本书将视觉新闻定义如下：视觉新闻是新闻形象的现场影像纪实，以图文结合或视听结合的形式传递新闻信息。该定义的内涵如下。

第一，新闻摄影形成的是视觉新闻。在拍摄过程中，视觉新闻记者必须亲临现场，亲眼看见、见证震撼人心的新闻形象，捕捉精彩瞬间或拍摄视频影像；而受众在通过大众传播媒介阅读视觉新闻的过程中，也是通过眼睛这一视觉器官感知、接受具有吸引力、感染力和震撼人心效果的新闻形象传达的信息。因此，可视性是视觉新闻的重要特性之一，如果新闻对象不可见，或者不具有较高的视觉价值，记者就不应该或没必要采用视觉新闻手段来对其加以报道。正是因为摄影图片能满足人们"眼见为实"和"百闻不如一见"的心理需求，视觉新闻才具有更强烈的实证性和可信性。

第二，视觉新闻的拍摄对象是新闻形象，其必须既具有新闻价值，又具备形象价值。在报道新闻的过程中，视觉新闻记者必须克服一切困难，亲临新闻发生的现场，见证新闻事件发生发展的过程，熟练运用摄影和视频拍摄技术，充分发挥摄影的纪实特性，抓取典型瞬间、获取真实的瞬间影像或拍摄简短的视频影像。

第三，文字说明是视觉新闻的重要组成部分，图文结合是视觉新闻的独特传播方式。优秀的视觉新闻报道是优秀的摄影图片和精练准确的文字说明完美结合的产物。我国视觉新闻报道的文字说明常常由标题和解释性说明组成。标题的作用在于明确主题，它能起到提纲挈领、画龙点睛的作用。解释性说明的意义在于交代图片无法呈现的新闻要素，比如时间、地点、人物姓名与身份、数据，以及新闻事件的来龙去脉与相关背景等信息，它与图片互补，使视觉新闻的信息量和传播效果倍增。

第四，短视频报道是视觉新闻的最新体裁，是视觉新闻在网络传播中的新形态，是以摄影影像为基础的视听结合的新闻信息传递方式。

第五，视觉新闻报道的主要目的在于充分、准确、及时并且形象化地、完美地传递新闻信息。在选择、发布、评价视觉新闻报道和进行传播效果评测的过程中，排在第一位的关键标准是新闻信息传递得是否充分、全面、公正、深刻、及时。在"真善美"的取舍方面，视觉新闻更加注重"真"和"善"，"美"只能"退居二线"，如果不可得兼，只能舍弃"美"。也就是说，审美功能、教育功能等都只是视觉新闻报道的附加功能，不可强求，而传递新闻信息的功能则是第一位的、必须确保的。

（二）融媒体时代视觉新闻工作的特点

进入21世纪以来，"报网一体化"成为报业发展的新景象，美国一些地方报社的视觉新闻记者既要拍摄照片，又要拍视频；视觉新闻记者出行时，既要带着照相机，又要扛着摄像机。专业照相机拍摄视频功能的提高，特别是手机拍摄视频功能的普及与提高，带来了视频的"大爆发"，更逼迫视觉新闻记者必须掌握视频拍摄功能，成为视觉新闻记者。

2015年,澎湃新闻成立了新的摄影部。它在招聘视觉新闻记者时也提出了新的要求——不再招聘只掌握传统照相技能的视觉新闻记者,改为招收全能型的影像新闻记者或者说视觉新闻记者,新招收的摄影部成员必须在会拍照片的同时,具备拍摄、剪辑视频以及写文字稿的能力。也就是说,只有全能型的影像新闻记者,才能进入澎湃新闻的摄影部。

第六声(Sixth Tone)是澎湃新闻团队运营的英文新媒体,创立于2016年,旨在面向海外受众,讲述小而美的中国故事。目前,第六声的视觉团队一共有12名成员,但是,"麻雀虽小,五脏俱全"——第六声拥有视觉记者、视频编辑/编导、图片编辑、数据记者、设计师等新媒体视觉编辑部的常规人员配置。

视觉团队记者的工作职责早已超出了传统摄影部记者的工作范围。视觉新闻记者兼具视觉新闻记者、视频记者的职能,不仅需要掌握传统图片编辑部要求的视觉新闻技能,还要具备拍摄视频的能力;除了相机、摄像机等常见器材,视觉新闻记者还需要使用无人机拍摄航拍素材,用GoPro追踪运动状态或水中的场景,用全景相机拍摄360°全景视频或照片,以及使用手机等便携设备进行视频直播等。

视频内容生产的从业者主要有两种"出身",一种是以摄影见长,为适应新媒体产品的需求而学习了视频拍摄,另一种则直接有视频编导方面的教育背景。这两种"出身"各有千秋,前者可以根据题材属性,在拍摄图片和视频故事中灵活选择,而后者经历了系统的视频创作的训练,对于视频语言的把握更精准到位。

理想的状态是,一位视觉新闻记者从新闻现场带回如下素材:用于配图的一些基础图片,用于剪辑3~5分钟的新闻短视频的视频素材(包括航拍和GoPro素材)。在场景较有特色的情况下,还可以用360°全景相机记录现场环境。对于长线题材,视觉新闻记者则会采用15分钟左右短纪录片的形式,更完整地追踪人物或事件。

然而,由于静态和动态影像在叙事逻辑、传播等多方面存在差异,视觉新闻记者单兵作战时精力有限,很难兼顾视频和图片的拍摄;而两个记者在进行一人拍照片、一人拍视频的合作时,也会出现相互干扰的情况,在通常情况下,图片故事或视频只能优先选一项。

此外,视觉新闻记者和编辑之间的界限也开始模糊。基本所有的视觉新闻记者都需要掌握视频剪辑的技能,而视频编辑也要不定期外出采访拍摄。

图片编辑也随之变成了"多面手"。除了日常的配图、选题审核讨论等工作,他们还要承担多媒体新闻产品如H5页面的策划协调。此外,还出现了专业程度更高的数据记者和设计师。数据可视化是新媒体发展的一大重点,除了相对常见的地图、数量统计图,数据记者还会自己收集、挖掘数据,在新闻产品中加入交互性的数据新闻。设计师在团队中的工作也不局限于平面设计,他们还需要开发H5的设计方案、设计视频中的动效、优化信息图表等。

新媒体视觉团队成员,一方面要术业有专攻,每个人都有明确职责;另一方面又要面面俱到,掌握多种技能,成为"多面手"。而实际上,精通和全能很难兼得,如何在两者之间找到平衡,也是新闻编辑部面临的一大难题。

视觉新闻的现实似乎显得纷乱而缺乏头绪,甚至让一些从业者感到悲观,但部分业内资深人士仍然从中看到了希望。美联社前摄影部主任文·阿尔比索(Vin Alabiso)就是其中的一个,在他看来,一个悲观主义者永远在每一个机会中看到困难,而一个乐观主义者永远在困难中发现机会。他借用丘吉尔的名言鼓励今天的视觉新闻工作者适应这一行业的变化,对其重新进行审视,从而发现新的机会。事实上,数字技术的出现确实为视觉新闻的发展带来了转机,为其提供了一个全新的生存空间。融媒体时代,视觉新闻记者的工作出现了报道走向深入和个性化、报道工具的革新、传播渠道多元化等变化。

1. 报道走向深入和个性化

当今国内外的视觉新闻工作,无论是媒体本身的框架(以文字为主导、非视觉化),还是视觉新闻记者自身的素养(大多数人没有且很难有机会接受正规的视觉新闻职业培训),都存在一定的不足。多年来,不少媒体对视觉新闻记者的要求仍然是拍好照片这样简单。

面对今天竞争越发激烈的外部环境,视觉新闻记者的职业地位更是受到冲击,拥有一台专业相机不再是这个职业唯一的通行证。视觉新闻记者必须重新出发,他们需要确立自己作为职业传播者的独立地位以及实现在信息传播中的个体表达,并在这个基础上将报道推向深入。

1948年,尤金·史密斯(W. Eugene Smith)做了乡村医生的报道,他无视《生活》画报的截稿期以及编辑对视觉新闻记者"弄几张照片就成"的简单期待,花23天时间和医生生活在一起,透过这个乡村全科医生的工作观看村庄人的生老病死。最终他拍摄的照片在《生活》画报上占用了12个页码,成为图片专题报道的范例,引得其他视觉新闻记者纷纷效仿。尤金·史密斯进行独立采访,自拍摄照片之时就注重视觉逻辑,并最终将之以版面语言呈现。这是对视觉新闻走向深入的一种尝试。

变化的传播环境为视觉新闻语言的发展开辟了新路。新闻图片和文字报道一样,都是记者对现场的一种再现,而并非只是来自现场的"切片"。这把视觉新闻记者从事实记录者的身份上解放出来,使之朝着事实的解释者方向发展。视觉新闻记者要更多介入长线的选题中,提出自己的报道计划,为读者提供更确凿深入的事实,并努力通过个人视角对事实做出评论。

这种新的变化让视觉新闻的表述风格和表现形式也发生了一些变化,新闻照片的内容表现从闭合——只给读者一个结论,发展到开放——提供多种解读途径,画面充满隐喻。传统的新闻照片只把一个答案交给读者,而新语境下的新闻照片则给读者提供一个思路,希望读者自己得出答案,而不是接受定论。这种类型的照片在媒体中尚未形成主流,但逐渐成为一种趋势。

这些变化不仅是对复杂的现实环境的回应,也是对视觉新闻记者独立个体的确认,他们可以在报道中彰显个性——有人情味儿的照片反而是受众期待的。创建法国VU图片社的克里斯蒂安·科若勒(Christian Caujolle)就曾这样讲:"我对客观性不感兴趣。我对摄影师的情感感兴趣。我希望摄影师找到一种最佳方式表达他对所记录事件的思考和感觉。"[①]马格南图片社的法国摄影师丽萨·萨法迪(Lisa Sarfati)也提出这样的建议:"每到一处采访地点,都要静下来,也许不急着拍照,但要大口呼吸一下这里的空气,问问你自己感受到了什

---

① Caujolle C. Truth Needs No Ally:Inside Photojournalism[M]. London:University of Missouri Press,1994:234.

么,你自己其实有很多的自由。不要犹豫发表自己的观点,相反这也许是很多图片编辑所期待的。"①

从中国视觉新闻记者近些年在荷赛中的获奖情况也能看出他们的突破。2007年《东方早报》的视觉新闻记者常河在自然新闻类的获奖组照《中国动物园》的拍摄中使用了玩具相机 Holga(见图2-1);2007年张涛的艺术单幅获奖作品《黑暗中的舞者》则使用了特别的闪光灯技巧。这些表达方式都体现了视觉新闻记者在摄影语言上的探索。

图2-1 《中国动物园》(组照之一)
常河 摄

2. 报道工具的革新

2010年,普利策奖委员会发布了评选规则的修改通告。这个美国报业最具权威的新闻报道奖向来谨慎,不搞先锋和前卫,而是在实践发展成熟之后,才开始设立奖项和标准。因此,新评选规则是对当下新的新闻实践的一种回应,其中提到:"除了摄影、评论和卡通类评选之外,其他奖项都将可以使用任何新闻报道工具(journalistic tool)展开报道,这包括文字、视频、数据库、多媒体、互动展示以及以上这些方式的结合使用。优秀的新闻报道应该是跨媒体的。"②

普利策奖委员会相关工作人员指出,评选规则的修订正是对当下由网络带动的日趋活跃的视觉报道的回应。为了确保视觉工作者的贡献得到认知,委员会规定获奖团队的名单从以前只能写三名成员改为五名,并强调所有对报道有贡献的人员都要署名,不管他们是文字记者、视觉新闻记者、视频记者、图表艺术家、制片人,还是那些身兼数职的记者,所有人都

---

① 摄影师教你如何拍出好照片:关注细节,表达情感[EB/OL].(2023-04-02). https://photo.people.com.cn/n1/2019/0416/c1013-31051260.html.
② 任悦.从"玻璃"到"魔镜"——新闻摄影的变革与后新闻摄影时代的到来[J].新闻与写作,2011(8):5-7.

应该得到平等对待。这里对视觉工具的强调,说明视觉手段不再只是媒介信息的花边和装饰,而真正成了信息生产的主力工具。

普利策奖的革新,宣告了报纸新闻业新时代的到来。这个改变并不是普利策奖新闻专业主义立场的改变,而是报道工具的革新,它的视觉转向也并不是视觉对文字的颠覆,而是意味着未来的编辑部会越来越热闹,曾经待在角落的视觉工作者将会获得更多的出场机会。

新闻业整体环境的变化需要视觉新闻记者革新自己的报道工具,勇于面对变化。对于视觉新闻记者来说,在静态照片之外,他们还需要了解以下两种新的报道方式。

(1)视频

德里克·哈尔斯蒂德(Dirck Halstead)早在20世纪80年代就预言照片将会朝着动态视频发展。他使用"鸭嘴兽"这个称呼来形容未来记者,因为鸭嘴兽既有哺乳动物的特点,又具有爬行动物的特征,这就像未来的新媒体记者既要拍摄静止的图片,又要拍摄动态的视频,是全能记者。他创办的鸭嘴兽培训班带领很多视觉新闻记者走入视频领域。

这种一人多能的工作方式一度被视为业内的热点,但在对《纽约时报》的访问中,我们发现,该报社已经把视频单独剥离出来,成立了专门的视频小组。该报社从视觉新闻记者转型到视频记者的戴维·弗兰克(David Frank)认为,一个人不可能既拍视频又兼顾静态照片,而从视频中抓图的方法也并不能满足《纽约时报》对照片质量的要求。2009年6月29日,《纽约时报》对南非约翰内斯堡贫民窟的特别报道,包括静态照片影廊和视频报道。拍摄静态照片的是VII图片社的摄影师,而负责动态视频的摄影师是《纽约时报》自己的职员,尽管双方很多时候都是在同一个场合工作,但分工明确、各司其职。

视觉新闻记者应该学习视频报道,但这只是他们对报道的一种补充,只能在时间和精力足够的情况下展开。他们也可以转型为专门的视频记者,不过,一人多能往往不能保证报道质量,更多时候视频应该由专业的视频工作者来完成。

(2)音频

在视觉新闻的发展中还有一个新的趋势,就是让图片和声音结合起来,然后以幻灯片的形式连续播放,这也是一个影像由静而动的发展变化。

从"卡特里娜"飓风现场回来的24小时内,马格南图片社的视觉新闻记者托马斯·德沃扎克(Thomas Dworzak)仍然保持着高度的集中力,他一边整理图片,一边整理录自拍摄现场的声音,最终制作成一个影音结合的新产品。这种做法是MSNBC前任总裁布赖恩·斯道姆(Brian Storm)发明的,他首创了使用幻灯片演示在互联网上讲述故事的方法。在连续展示照片的同时,读者可以听到声音,这些声音或者来自现场或者来自摄影师的讲述。此后,布赖恩·斯道姆专注于研究图片和声音的关系,他认为图片和声音结合具有多重优势,不但可以传达照片无法传达的信息,而且能将读者"带到"现场。

布赖恩·斯道姆认为,在可预见的未来,下一代视觉新闻记者一定会使用新的工具报道新闻,他们需要具备一些新的能力,其中最重要的一点就是收集声音。过去,静态的照片虽然打破了语言障碍,但阅读者仍然会因为文化背景不同而产生一些理解上的障碍或偏差,这个时候文字说明就起到消除歧义的作用。图片与文字说明的结合产生了第三种效应,它整合了文字和图片分别承载的信息,使受众对信息内容能产生全新的理解。现在,声音的加入使人们对照片的认知更深,图片、文字、声音的结合可产生第四种效应,也就是说,当图片、声音以及文字结合在一起的时候,它们给读者带来全新的阅读体验——这是以上几种传播方式在单独存在的情况下所无法创造的。

3.传播渠道多元化

现今视觉新闻记者的照片并非只能像从前那样以印刷的样态出现,而是可以在多个平台上以多种方式进行传播。

平板电脑和手机是新的载体,不少摄影师开始把他们的作品制作成 App。美国《国家地理》杂志的麦克尔·尼古拉斯(Michael Nichols)在业界工作了将近 40 年,这位老将一点儿都不落后于潮流,在更新自己的个人网站时,他采用了新的思路,将之直接"搬"到了 iPad 上,做了一个"Michael Nichols App"。这个 App 包含 15 个摄影影廊,有超过 160 张照片,还有一个来自照片拍摄现场的独家视频,此外也有链接,读者点击可以购买摄影师的限量版照片和签名图书。他发现网页已经成为一个旧时代的产物,在社交媒体盛行的今天,大家更愿意介入、沟通和互动,这正是通过 App 可以实现的。麦克尔·尼古拉斯的 App 是收费的,读者需要花 4 美元购买,他还会不断添加新的内容,比如视频、照片背后的故事,以及计划中的教读者拍照的视频教程。

除了展示平台的变化,摄影师还在一些众筹网站为自己的深度摄影项目募集资金。所谓众筹,就是通过发起项目让关注这个项目的读者用小额捐助的方法支持发起人完成项目。国外比较著名的有"kickstarter",国内则有"点名时间"。在这些平台上,摄影师可以把自己的项目说明、初期成果、预期成果展示出来,并以给募捐者不同类型的回报的方式筹集自己的拍摄资金。这种筹款方式不仅是寻求支持,其实也是对自己作品的一种先期推广和宣传。

这些当今视觉新闻记者的工作变化说明,在新技术时代,影像的传播方式正在发生巨变,静态的影像变得充满动感,单一的解说方式变为多角度、多视点的解说方式,视觉新闻的未来之路也将越走越宽。

二、视觉新闻核心产品

(一)视觉新闻头条

头条一般是新闻版面中最重要的稿件,通常放在最显著的位置,并运用各种设计或技术手段加以突出。视觉新闻图片通常色彩丰富、视觉冲击力强,具有强烈的吸睛作用,被广泛运用于头条当中,利用图片的吸引力和简洁、直观的文字介绍,快速吸引受众的注意力。

对于一家媒体而言,头条是新闻焦点所在,它体现了媒体编辑对政治、经济、文化、社会生活的敏感,反映当时、当地社会脉搏的跳动。在实际操作中,有四类新闻更容易被选作头条,即国家重大时政新闻、网络热点事件、独家资讯和符合本媒体定位的新闻。

(二)视觉新闻报道的现场直播

视觉新闻报道的现场直播主要分为图文直播、视频直播和短视频直播三类。图文直播指以图片、文字的形式直播活动、赛事、会议等现场,以图文的形式展现实时动态,它区别于视频直播、语音直播。图文直播是融媒体时代网络直播的一种新形势,在缺少视频的情况下,用文字描述即时发生的事件现场,同时配上现场采集的图片,以增强直播现场的直观感受。这种形式多用于体育赛事的网上直播,也用于各种其他新闻事实的现场报道。

视频直播在传统的点播基础上演变而来,利用互联网及流媒体技术进行直播。视频融合了图像、文字、声音等丰富的元素,声形并茂,效果极佳,逐渐成为互联网的主流表达方式。视频通过真实、生动的传播,营造强烈的现场感,吸引受众眼球,达到让人印象深刻、记忆持久的传播效果,能够真实、直观、全面地进行宣传或展示。

短视频直播在内容上虽然与视频直播的表现形式不同,但大多数受众都有着社交和情感需求,在用户群体一致的情况下,内容优质成为短视频直播斩获流量的决定因素。相较于视频直播的时间流,在短视频直播中,受众不限于时间限制,可以随时点进某一段短视频,观看事件发生的最核心最精彩的部分,并且由于其可重复播放,短视频直播的复现性也让它拥有更好的长尾效应。短视频制作成本较高,内容较为优质,强调在短时间内抓住用户的眼球,向用户展现更加精美的内容,有着精品化和定向化的特点。

(三)视觉新闻专题

视觉新闻专题是指多幅图片和文字结合,全面、深刻地介绍、表现和揭示新闻事件和新闻事物的一种视觉新闻体裁。视觉新闻专题是围绕一个主题展开拍摄,采用多幅图片与文字结合,通过媒体进行传播的摄影形式。这个主题可以是一个想法、一种观念、一个人物、一个事件、一个地点等,范围十分宽泛,形式也很自由。但最重要的是图片通过某种形式组合,呈现在读者面前,任何一张照片都不是单一的,它与其他照片和文字一起,构成一个整体。视觉新闻专题一般由一组图片组成,须有明确的主题,所有照片以这个主题为中心连接并拓展,这种形式比单张的新闻图片表现主题更加深入,并且具有时间和空间的延续性。需要注意的是,专题中的照片应该按照一定的逻辑关系组合,这种逻辑关系可以是按照时间、空间或者事件进行,可以是纵向或横向展开,但必须存在,以使一组照片形成一个整体。

与成组图片新闻相比,专题照片更强调通过具有一定结构方式和逻辑联系的多幅照片来阐明主题,应采用若干个不同侧面、不同时空的视点,对中心进行包围式记录,从而展现出一个丰富而完整的事件,揭示其深刻的内涵和意义。

(四)人物摄影访谈

新闻人像的拍摄是媒体中使用最频繁的一类图片。新闻现场人物摄影和一般日常人物摄影的不同之处在于,它是由专业视觉新闻记者在新闻现场进行采访拍摄的。视觉新闻记者在新闻事件发生现场拍摄人物,通过对人物行为、行动、神态的记录表现新闻事件,传递新闻信息。

(五)图说新闻

图说新闻指用示意性照片、简单文字、数据等把新闻事件中的重要信息以一定的逻辑关系进行具象化的直观简洁的呈现，包括人物关系、因果关系、时间关系、空间关系、组合关系等，使受众对事件一目了然。单张视觉新闻报道往往只能反映事件的某一角度或某一方面，当事件现场非常精彩、出图率较高时，视觉新闻记者会采用拍摄多张不同角度照片、组成图集的形式，让受众能够从各个方面了解到事件的全貌。

(六)数据新闻可视化

可视化(visualization)来源于"visual"，原意是"视觉的、形象的"。事实上，任何将抽象的事物、过程变成图形、图像，用可视元素来传达信息的过程都可以称为可视化。目前我们所说的可视化指的是利用计算机图形学和图像处理技术，将数据转换成图形或图像在屏幕上显示出来，再进行交互处理的理论、方法和技术。可视化的过程实际上是人们对事物形成图像感知，帮助、强化人们对事物的认知和理解的过程。

可视化新闻产品进入传媒领域初期，其地位是文字报道的配角。现如今，一些报纸开辟了刊发数据图表的专版、专栏，图表已经成为"常规性武器"。在大数据时代，数据就是资源。媒体可以与企业、政府合作共享数据，用重新筛选和挖掘媒体既有的资料等方式完成数据的采集，再把检索到的内容根据需要采写成数据新闻，发布到报纸、电视、PC端和移动端上。大数据技术使得媒介融合的新闻生产由"发生了什么"和"为什么发生"在纵深上拓展为"将会发生什么"。新闻报道从事后跟进、同步报道，发展为事前预测，从而形成新的新闻生产模式。

(七)地图新闻

地图新闻将一切与地理位置相关的新闻要素表示在新闻地图上。以实时、有效信息为专题要素的专题地图都属于地图新闻的范畴。数据地图是数据新闻中最具代表性的可视化类型。数据地图就是把数据添置在地图的坐标中，宏观、清晰地揭示地理位置与数据之间的关联。

数据地图通常采用两种呈现方式：一种是把数据以小圆点的方式标注出来，受众点击小圆点即可获得具体的信息；另一种是数据以热力图的方式附着于地图之上，此举是为了使多维度数据同时展现，这种呈现使数据的挖掘和对比更为深入，受众不仅能了解整体情况，还可以发现数据背后的深层原因。

(八)全景摄影摄像

全景摄影摄像是指利用相机环拍360°得到一组照片，再通过专业软件无缝处理拼接得到一张全景图像，然后采用flash技术制作为swf格式的图像。

全景摄影摄像给人一种前所未有的浏览体验，让受众足不出户就能身临其境地感受到现场的环境。该图像可以用鼠标随意上下、左右、前后拖动观看，也可以通过鼠标滚轮放大、缩小场景。图像内部可安放热点，点击即可以实现场景的来回切换。除此之外，在其中还可以插入语音解说、图片及文字说明。此技术应用在视觉新闻报道中，能够为受众全方位地还原事件现场，充分体现了新闻报道真实性的原则。

（九）无人机航拍

随着无人机技术迅速发展，广大摄影爱好者可以通过遥控无人机进行航空摄影，从而获得新奇、有趣的特殊视角和震撼人心的大场面。当然，无人机航空摄影也有角度单一的局限性，因此不可滥用。一些痴迷于无人机摄影的摄影爱好者迷失在新鲜、有趣的体验之中，可能会忘记本来的拍摄目的和意义。

在视觉新闻实践中，无人机航空摄影主要用于突发事件摄影、自然与环境摄影、大型预期事件摄影、户外运动与体育摄影，以及军事与战争摄影等。

此外，无人机摄影在给人们带来许多便利的同时，也会带来一些危险，甚至造成意外伤害。随地乱飞或采用危险的飞行方式，可能害人害己。因行为失当或操作失误造成的财产和人身伤害屡见不鲜。若擅自在禁飞的军事管控区升空拍摄，会严重危害军事设施安全并有可能泄露军事机密；在民用机场附近肆意飞行则严重危害民用航空安全。每一位航拍者都必须时刻提醒自己，无论出于什么目的拍摄，都要遵纪守法，绝对不能在禁飞区域或禁飞期飞行拍摄。

（十）微视频

微视频又称视频分享类短片，是个体通过 PC、手机、摄像头、DV、MP4 等多种视频终端摄录、上传互联网进而播放共享，短则 30 秒，长则 20 分钟左右，内容广泛，视频形态多样，涵盖纪录短片、DV 短片、视频剪辑、广告片段等视频短片的统称。其最大特点是短、快、精，具有大众参与性、随时随地随意性。

微视频具备互动性，视频媒介可以进行单向、双向甚至多向的互动交流。观看者的回复也对微视频起到了造势的作用，比如有较高争议的节目点击率往往都是直线飙升的。

微视频具备娱乐性。对受众主体地位的强调及媒体内容选择的内在动力，使得微视频高举娱乐大旗，其提供展示的也多是轻松有趣的关于音乐、明星、旅游、动物等分享类的视频。从这点上说，微视频已成为大众减轻心理负担、缓和精神压力的通道，同时也是人们分享信息、分享快乐的方式方法。微视频内容的娱乐性与草根性紧密结合，成为当下微视频短片日益深入人心的重要原因。

第二节　视觉新闻发布渠道

知识要点

1. 视觉新闻发布渠道的多元性；
2. 融合媒体新闻信息的视觉化发布。

一、平面媒体、PC 端的新闻信息图像化

报纸、杂志、新闻网站、通讯社、图片库等传统主流媒介是视觉新闻产品发布的主要渠道。报纸是我国视觉新闻从业者的主要供职媒体,其中又以党报和综合性都市报为主;杂志依据内容范围和观点的不同,可以分为周刊、月刊或季刊,其中新闻类杂志一般是周刊;互联网出现和数字技术在视觉新闻领域普及之后,新闻网站被很多视觉新闻工作者看作视觉新闻新的发展契机;通讯社主要通过专线向国内外媒体提供新闻图片,我国第一大通讯社是新华社;图片库是摄影图片市场化的产物,媒介和图文编辑可以直接从图片库购买新闻照片的版权,以供新闻报道使用。中国新闻网图片频道如图 2-2 所示。

图 2-2　中国新闻网图片频道

二、移动端 App

过去,传统的纸媒、平面媒体是视觉新闻传播的主要载体,随之拓展到了电脑、电视,如今随着融媒体发展,以移动端设备为基础的互联网传播载体得以涌现。各大媒介纷纷开发收集移动端 App,利用微信公众号、小程序等平台传播新闻报道。例如人民日报、央视新闻、新华网等主流媒体,以及今日头条、腾讯新闻等互联网企业,都设有专门的新闻资讯 App,来发布和转载新闻报道。2022 年新闻资讯 App 十大品牌排行榜如图 2-3 所示。

图 2-3　2022 年新闻资讯 App 十大品牌排行榜

数据来源:CN10/CNPP 品牌数据研究部门

三、融合媒体新闻信息的视觉化发布

随着各类信息技术的发展,信息数据能够在很大程度上进行同步传输,特别是对于一些突发的新闻事件,视觉新闻记者能够通过直播的方式在第一时间、第一现场对事件的发生进行全面的记录,并能够在完成记录之后,借助手机等硬件设备和无线技术上传到融合媒体平台,并编辑和整理为图片、视频声音、数据可视化、微视频等形式,发布在各个平台,满足各类受众的喜好和需求,使得每类受众都能够对最新资讯进行充分的了解,不断提升视觉新闻报道传播的时效性(见图 2-4 和图 2-5)。

第二章 视觉新闻报道概述

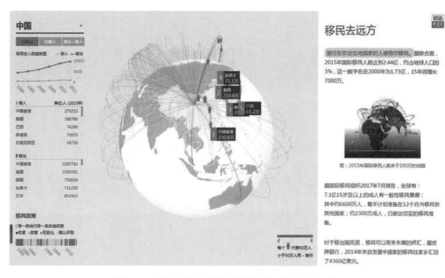

图 2-4　第七届全球数据新闻奖《移民去远方》

图 2-5　央视网图文直播：美国总统大选迎终极之辩

本章回顾

本章着重介绍视觉新闻的定义、内涵及相关概念，融媒体时代视觉新闻工作的特点，视觉新闻的核心产品，以及视觉新闻的多元化发布渠道。在融媒体时代，人们对视觉新闻工作者的综合能力寄予更高的期望。

关键概念

视觉新闻　数据新闻可视化　视觉化发布

复习与思考

1. 什么是视觉新闻？
2. 视觉新闻有哪些核心产品？
3. 融媒体时代，视觉新闻工作者面临哪些机遇与挑战？

单元实训

1. 分析移动端视觉新闻具有哪些特点。
2. 举例分析视觉新闻与传统新闻相比具有哪些优势。

视觉新闻报道聚合培养　第三章

本章思维导图

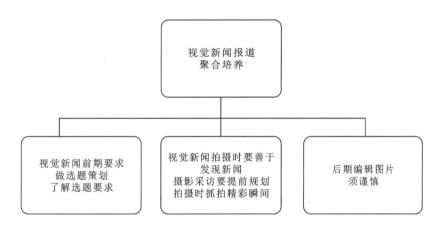

课前导读与体验

随着网络技术的发展，受众对阅读越来越要求短平快。具有直接视觉冲击力的图片，能在海量互联网信息中迅速抓住受众眼球，因此视觉新闻在媒体中的地位越来越重要。要想拍摄出一组吸引人的图片，也需要像文字一样精心策划。

最开始视觉新闻在媒体部门一直是"小透明"的角色，照片只是美化版面的可有可无的工具。媒体部门没有独立的视觉新闻部门，视觉新闻的业务被归属在美术部门之下，以摄影组的形式存在。人们普遍认为视觉新闻是用静止的图片来传递新闻信息，图片只要能简单地交代新闻现场的情况就可以了。这使得行业和大众普遍认为：视觉新闻的主要工作是拍摄照片，视觉新闻记者要熟练掌握各种摄影技术，至于他们是否懂新闻，能否在关键时刻抓拍具有新闻价值的图片，所拍照片能否满足新闻叙事要求并不是重点，甚至出现了艺术摄影顶替视觉新闻记者的现象。

但摄影技术只是视觉新闻记者的基本技能之一，视觉新闻的属性也并不是简单地用镜头对准新闻现场，拍下照片。它需要视觉新闻记者拥有专业的新闻素养，具备新闻选题策划的能力,能够运用新闻视角理解新闻现场,敏锐地捕捉有价值的新闻信息,从而挖掘更有新闻价值的事实。

　　近些年随着社会的发展,人们对视觉新闻的偏见正在慢慢消除,媒体越来越重视新闻性在新闻摄影中的地位。人民日报社、新华社、中国青年报社等众多媒体在招聘视觉新闻记者时,笔试环节不仅会考核摄影技术层面的知识,还会考核时事政治、新闻素养和视觉新闻实务方面的知识。

小问答

1. 一名合格的视觉新闻记者应该具备哪些素养?
2. 艺术摄影与视觉新闻的区别是什么?

第一节　视觉新闻选题策划及前期工作

知识要点

1. 视觉新闻选题的要求;
2. 挖掘新闻选题的方法;
3. 长线任务和短线任务的拍摄要求。

　　视觉新闻记者首先是记者,其次才是摄影师。与艺术摄影和商业摄影不同,视觉新闻摄影需要从新闻价值、媒体定位、读者阅读兴趣等方面来选择拍摄内容和拍摄对象,尽量避免凭个人喜好来寻找选题,在拍摄前要调研计划拍摄的主题和对象是否具有新闻价值和传播价值,与媒体平台的调性是否一致,对读者是否具有足够的吸引力。这就要求视觉新闻记者在拍摄前期精心策划选题。

　　视觉新闻并不完全是采访突发性事件新闻,还有对许多事件性新闻和非事件性新闻的采访。突发性事件的采访没有征兆,事前无法预测,需要视觉新闻记者凭借个人工作经验对事件性质做出判断,在现场凭借多年工作所积累的新闻嗅觉抓取有价值的新闻瞬间。而大量事件性新闻和非事件性新闻是可以提前预测并进行周密策划的,比如一年一度的春节、国庆节、中秋节等传统佳节,定期举办的全国人民代表大会和中国人民政治协商会议。事先做好新闻策划工作,选好主题、表达方式、表达角度,在采访时才能目标明确、高效迅速。

一、视觉新闻采访前的准备

视觉新闻报道中的图片和文字一样都必须有明确的主题,准确地向受众表达中心思想、传递信息,同时还要满足新闻的基本要求,否则再美观的图片也没有意义。

(一)视觉新闻选题的要求

作为新闻报道的一部分,视觉新闻所策划的选题除了具备新闻性外,还要具有真实性、及时性和准确性。

视觉新闻报道属于新闻报道的一种形式,它是以拍摄新闻图片来传递新闻信息的方式。视觉新闻记者在策划视觉新闻主题时,需要考虑主题的新闻性。比如,1995年,河南省济源市思礼乡水洪池村村民花10年时间修了一条长14千米的通向大山外的公路,不仅使山外的高新技术走进大山,使当地实现了通电通信号,引进了农业科技人才,帮助当地人种植高寒小麦,摆脱了吃政府救济粮的局面,还开发了当地的旅游资源,让城市里的人进山旅游,扩展了第三产业,增加了当地收入。水洪池村人用10年时间修盘山公路,体现了当代愚公精神,带动了当地发展,具有正面的社会影响,是新闻性极强的事件。记者苗秋闹敏锐地觉察到这是一个极具新闻性的选题,奔赴当地拍摄了一组名为《水洪池村十年修一路》的照片,这组照片因其新闻价值,除了被本地《济源日报》《河南农村报》采用外,还被新华社编发,在社会上引起了不小的反响。

真实性是新闻的生命,视觉新闻作为新闻报道的一部分,自然要具备真实性的属性。视觉新闻直接作用于社会生活,通过图片影像向大众传递社会现实,它承担着反映社会现实的责任,所拍摄的内容需要反映现实生活,再现新闻现场,不可通过虚构和主观臆断对新闻事实进行再创作和加工。所以视觉新闻的真实性原则要求视觉新闻报道所展示的新闻现场是真实的,揭示的主题是客观的。这就要求视觉新闻记者在进行视觉新闻选题策划时,遵从真实性原则,确保所策划的主题能够真实地反映新闻现实。

2003年5月1日,美国媒体曾配合布什团队策划了一场误导公众的视觉新闻主题。在美国加利福尼亚州举行的宣布伊拉克战争结束的仪式上,为了显示战争的正义性和积极性,前总统小布什故意向鼓掌的士兵们伸出赞赏的大拇指,并朝媒体镜头摆拍,其身后写着"Mission Accomplished"(胜利完成任务)的背景横幅也是提前布置的,甚至连欢呼人群的位置也是提前安排好的。这张照片虽然因其所策划的政治意义在美国引起很大的反响,却违背了新闻的真实性原则。

视觉新闻报道作为新闻报道的一部分,及时性很重要,尤其是在如今信息化的自媒体时代,新闻发生后当日或者几分钟内就可以报道了,甚至有些新闻正在发生时,网络平台就在进行同步直播。视觉新闻记者的拍摄和媒体发布力求准确及时。为了让公众对所报道的新闻感兴趣,所拍摄的内容要有新鲜感,做视觉新闻的选题策划时,需要考虑及时性,即所策划的选题要紧跟时事、符合时代潮流。最后,拍摄的内容要确保有渠道以最快的速度发布出来。同时,视觉新闻报道的主题必须具体而鲜明,不要模棱两可。视觉新闻记者必须在坚持新闻真实性、客观性、公正性原则的基础上,做到旗帜鲜明、立场坚定。

(二)视觉新闻选题的挖掘

视觉新闻记者的拍摄分为短线任务和长线任务。一位优秀的视觉新闻记者既要擅长时效性报道,又要具备深度报道的能力。短线任务对时效性有着极高的要求,要求记者以最快的速度将新闻信息传递给受众。在如今这个社交媒体发达的时代,为了赶在其他媒体平台之前发布新闻,有时候所发布的新闻可能仅仅是简单几张图片或一段简短的视频,再配上简单的文字报道。这类新闻主要包括突发性新闻报道、事件性新闻报道等。拍好这些具有时效性的新闻照片是视觉新闻记者的日常工作之一。

与短线任务不同,长线任务要求视觉新闻记者对一些新闻事件展开长时间的追踪报道,深入主题,拍摄一系列有深度且视角独特的专题照片。

1.短线任务注重新闻性

(1)选题的时效和由头

摄影是瞬间的艺术。在出短线任务时,视觉新闻记者所拍摄的新闻现场事物千变万化,发展趋势难以预测。所以他们必须反应迅速,准确地抓拍下有意义的镜头,并快速发表,不然新闻变旧闻,照片就会失效。

除了时效,视觉新闻记者还需要站在受众的角度思考他们想要看到什么,以及想在哪个时间段看到。这就要求在发表新闻时有由头。所谓新闻由头,是指报道这则新闻的根据,一般将客观事实作为新闻传播的根据或契机。视觉新闻记者可以从时间、地点、人物这三个方面来给选题制造由头。从时间方面来看,可以重点关注法定节假日,如国庆节、春节、中秋节等,再如国家重大政策颁布的时间,如每年一次的"两会"等。从地点方面来看,可以从一些有特殊意义的地理位置来寻找新闻由头,如每年国庆节前后天安门广场的大花篮就是一个话题点。从人物方面来看,可以从话题流量人物身上挖掘新闻由头,这一点在娱乐新闻领域最为常见。当然,也不要把思想局限在某一方面,结合其中的两个或三个方面来寻找新闻由头,会引起更多的关注。

(2)选题的新闻价值

视觉新闻记者在新闻现场面对的情况复杂多变,想要拍摄到既吸引人又耐人寻味的照片,就需要提前对选题的新闻价值进行判断。站在创造新闻价值的角度去拍摄照片,才能拍摄到更精彩的内容。

由中国新闻社刊载的照片《香港见闻:市民为执勤警察点赞,警察感谢市民支持》获得第三十届中国新闻奖新闻摄影二等奖(见图3-1)。2019年香港暴乱期间,非法示威者肆意搞破坏,企图使香港交通瘫痪。香港警方出动警力执勤,制止示威者的暴行。一位香港市民经过执勤警察时竖起大拇指对他们点赞,警察也双手合十表示感谢,视觉新闻记者拍下了这一幕极具感染力的场景。当时现场暴乱不断,环境复杂,视觉新闻记者还能拍下这张极具新闻价值的照片,说明他是以一种挖掘新闻的心态密切关注周围一切细小的变化。

图 3-1 《香港见闻：市民为执勤警察点赞，警察感谢市民支持》

张炜 摄

（3）选题的历史价值

视觉新闻记者通过镜头帮助大众看世界，同时也是世界的记录者。虽然所拍摄的照片是瞬间的且有时效性，但《纽约时报》的麦克纳利（Michele McNally）认为要将摄影作品置于历史和社会背景中，因为视觉新闻记者很多时候是社会的记录者，且拍摄的照片也会在媒体平台发布，产生一定的社会影响力。优秀的视觉新闻选题应该具备一定的社会价值和历史价值。视觉新闻记者所拍摄的照片承载着一定的历史意义，有时候一张选题独特的照片甚至会对历史和社会的发展产生重要的影响。视觉新闻记者应认识到自己在某种程度上还是历史记录者和社会推动者。

《中国青年报》摄影师解海龙曾拍摄了一张大眼女孩苏明娟的《我要上学》的照片（见图 3-2）。照片中贫困的苏明娟手里握着笔，睁大眼睛看着老师，眼里满是对知识的渴求。这张照片引发了广泛的关注，女孩最终在社会各界的资助下考上了大学。而这张照片也引起了社会各界对乡村贫困儿童上学难情况的关注。

图 3-2 《我要上学》

解海龙 摄

（4）全球化背景下展开报道

传统的视觉新闻记者看待问题都是以点为中心，把视角放在国内，如今随着全球舆论变化，关于中国议题的权重越来越大，有关中国的议题也越来越重要。有过多年对外报道经验的新华社记者曾璜提出，中国的就是世界的。视觉新闻记者要以国际化的眼光看待发生在中国的新闻事件，把中国的问题放在世界范畴中去理解。很多时候站在国际角度上看，就能挖掘出不一样的选题，找到新的报道角度。

中国在世界上的影响力越来越大,这对视觉新闻记者提出了以国际眼光看待中国问题的要求,同时也给视觉新闻记者带来了更多的机会。首先,国内视觉新闻记者可以通过与国外众多摄影师同台竞争,看到自己的差距,取长补短;其次,随着国际上对中国新闻的报道增多,国内记者的参与机会也越来越多,可以更好地进行融合交流;最后,中国在国际社会的影响力逐步上升,也需要媒体为自己的国家发声,让世界听到更多的中国声音。

2.长线任务要有计划

(1)选题要深思熟虑

进行长线操作的选题应该具有较强的延展性和挖掘性,值得视觉新闻记者长期跟踪报道,挖掘更深层次的内容。此外,新闻新闻记者肩负着社会责任,所做的选题也应该和当下的社会生活息息相关,切中时代发展的脉搏,反映社会的变革以及变革中的矛盾,如性别、环境、人口等。站在这个层面上思考问题,才能避免在选题时就事论事,视野狭隘。除了考虑选题的重要性之外,视觉新闻记者还要根据自身条件和外部环境,如从社会环境、经济环境、政治环境等方面评估选题是否具备操作性。

(2)多幅照片的组合方式

确定了选题之后,就需要确定照片以何种方式拍摄,并将其组合在一起。20世纪90年代,尤金·史密斯等人确立的经典方法专题摄影结构获得了普遍认同,这种方法是《生活》画报中常见的拍摄方式,它有一个完整的故事结构,包括开头、高潮和结尾。因为结构固定,也被人们戏称为"八股文"。近些年社会上还出现了其他的讲故事方法,如平行并列的方式和对比方式。平行并列的方式是指画面之间是平行结构,保持一个节奏,依靠画面的累积来加深读者的印象。对比方式是指两个对比鲜明的画面为一组,给读者带来更强烈的视觉冲击,增强画面的故事感。多种多样的摄影风格不仅带给读者更难忘的视觉体验,也让视觉新闻记者可以根据自己的特长来选择更合适更有创造力的视觉表现手段,而不是拘泥于某一种形式。

(3)完成资料收集工作

视觉新闻记者在正式拍摄之前,要收集和分析与拍摄内容相关的资料,对自己的选题进行客观理性的调研,从而指导自己更好地完成接下来的拍摄工作。视觉新闻记者要收集和分析的资料包括与主题相关的各种影像资料和文字资料。影像资料是指其他摄影师在这个领域拍摄过的作品,通过学习这些作品,借鉴他们的长处,规避他们犯过的错误,同时也避免内容"撞车"(生产同质化的内容)。而与主题相关的文字资料则可以增加视觉新闻记者对拍摄对象的了解,被拍摄对象的背景和经历很可能激发他们的灵感,使其产生独特的视觉想法,因为文字有很大的留白空间,便于人们发挥想象。

(4)撰写拍摄计划书

长线任务复杂且时间跨度大,为了让计划更好地推进,最好基于以上所提到的三点撰写拍摄计划书,一方面可以帮助视觉新闻记者理清思路,另一方面可以确保计划良性推进。一份完整的拍摄计划书应该包括拍摄主题、拍摄对象、可行性评估、项目调研、时间安排、主创成员及分工、目标受众、传播途径、传播形式、预算等。

(三)视觉新闻选题的确立

直接配合和报道成果是我国目前视觉新闻中两个固化的模式。在全国重大节日、会议、政策公布等新闻事件的报道中,采用直接配合模式,根据主题"按图索骥",按照流程程序化地拍摄现场图片,配合宣传,不发挥自己的主观能动性或挖掘背后的故事,是部分新闻记者的惯用套路。然而,忽视新闻的时新性、重要性和趣味性,就会使得新闻无法产生独特性,在如今互联网海量的信息中也无法吸引受众的注意力。于视觉新闻记者本身而言,也不能帮他们深层次地了解记者角色,提高自身新闻意识。

报道成果则是指视觉新闻记者只关注新闻事件最后的结果,对过程中可能会有冲突性和话题性的过程予以忽视。这种不注意过程中的矛盾与问题的行为,不仅会使得新闻错过很多珍贵精彩的历史瞬间,还会使视觉新闻记者沦为简单传达结果的传递者,而不是历史的目击者、历史形象的发现和记录者。与此同时,报道流于表面,不能挖掘出新闻事件深层次的矛盾和问题,会导致选题和拍摄题材范围越来越窄。

以上两种固化模式势必会削弱新闻报道中图片的新闻性,降低视觉新闻的地位。视觉新闻记者应该注重自己在新闻报道中的地位,拥有主体意识,利用自己善于观察的眼睛,用图片挖掘更深层次的新闻事实,让受众从视觉新闻记者的镜头下看到更丰富的社会现实以及社会日新月异的变化。

二、视觉新闻采访工作流程

视觉新闻的采访可以分为一般采访和深度采访。一般采访是指视觉新闻记者在接受一般性任务的时候所进行的一系列采访,通常指一些普通的消息和报道,不需要很深入,但一定要清晰、准确、精练地把新闻事件交代清楚,即将新闻里的五要素逐一交代清楚,并及时传递给受众。深度采访是指视觉新闻记者需要对被采访对象或事件进行深入的采访,所拍摄的照片通常是一组或几组有故事和深意的专题作品。采访内容不需要像一般采访一样五要素齐全,而是重点回答为什么(Why)和怎样(How)方面的问题。

此外,深度采访要求采访深入,采访过程会比较复杂,通常不能一蹴而就,需要经过多次采访才能完成。这就要求采访者制订计划、有序推进。记者可以通过初次采访,对采访人物、时间、地点有一个初步的了解,然后再完善自己的采访计划,让下一次采访更有针对性,确保下次能得到自己想要的信息。虽然一般采访和深度采访有一定的区别,但二者的采访实操都遵循一系列步骤。

(一)策划选题或图片编辑下达任务

视觉新闻记者获得选题的主要途径、方法和选题的评判标准在前面已经进行了详细的说明,接下来就如何获得新闻线索进行详细的介绍。这里需要强调的是,获得新闻选题和新闻线索离不开日常的积累,记者平时要将它当作日常生活的一部分去思考,而不是等到主编催交选题再"临时抱佛脚",同时定选题时要考虑选题的新闻性和可操作性。

除了策划选题，有时候视觉新闻记者也会接到"命题作文"。图片编辑作为摄影部的核心人物，通常会给部门的视觉新闻记者指派拍摄任务，并提出具体的拍摄需求。通常图片编辑的资历较深，经验更丰富，人脉也更广。他们在下达拍摄任务前会跟文字记者交接，从而确定具体的拍摄效果。同时，如果有相关的人脉，图片编辑有可能会提前获得拍摄对象的信息，制订更完善的拍摄计划。如部分高校的党委宣传部通常负责校报的编辑任务，高校的校报会经常采访学校的领导，而学校的领导一般比较忙，编辑通常工作年限较长，与各位校领导日常联系较多，更清楚哪个时间段领导有空，以及哪些领导在拍照时有哪些特点。如果编辑提前将这些信息告知前去采访的视觉新闻记者，会提高视觉新闻记者的采访效率。

(二)采访之前做足功课

一次好的采访通常建立在充分准备的基础上，视觉新闻记者在采访之前需要提前做功课，了解选题相关资料和被采访对象的个人情况。选题相关资料一般是指与即将采访的选题相关的新闻报道、书籍、影像等，通过补充采访对象和事件的背景材料，使视觉新闻记者在采访时更精确地把握主题，找到更好的切入点，以免在正式采访时因为知识储备不够，不能挖掘重要新闻点。比如，美国《国家地理》杂志的摄影师瑞萨(Resa)每次拍摄之前都要阅读大量书籍，他认为摄影师的工作不仅仅是拍照，而是要用照片讲故事，要想照片充满故事性，就得提前看大量的书籍，像老朋友一样了解它所有的一切，才能挖掘出更有意思的故事。

被采访对象的个人情况是指视觉新闻记者对将要拍摄对象的形象特征和性格特征有所了解。视觉新闻记者的很多拍摄对象是人，但人的可控性小、变数大。再加上新闻现场的拍摄一般都比较仓促，如果视觉新闻记者能提前了解被采访对象的外形特征和性格特征，如拍摄时喜欢做哪些动作、有什么特殊要求、什么角度拍比较上镜、性格是开朗还是内敛等，就可以很好地掌握现场节奏，知道站在哪个角度拍比较好。同时，了解被采访对象的性格，也可以更高效地与其进行沟通，减少沟通成本。

当采访对象不是某个特定的人，而是某个随机的群体或景物时，也需要提前了解这些对象的特征，好抓取时机，在最关键的时刻拍下照片。比如，每一年的跨年夜，很多城市都会有烟花秀，吸引大量市民前往观看。视觉新闻记者想要找到一个好的角度完美地呈现这一盛况，就需要提前做功课，了解烟花从几点钟开始放、大概放多久、主要在哪个区域放、大概有多少市民前来观赏、主要交通工具是什么等情况。

(三)现场采访

视觉新闻记者在新闻现场一定要耳听六路眼观八方，在现场除了盯着被采访对象外，余光还要时不时地扫射全场，以防漏掉重要信息。在拍摄现场常见的情况就是目标人物或场景一出现，所有视觉新闻记者一拥而上，最后拍摄出来的作品大同小异。要想挖掘不同的新闻视角，视觉新闻记者可以抽时间去其他地方逛逛，看看后台或者人少的地方发生了什么，说不定会有意外的收获。

在采访现场,视觉新闻记者要尽可能多地捕捉有用信息。虽然在一些会议新闻中,发言人的讲话比较枯燥,现场氛围比较沉闷,但视觉新闻记者还是要静下心来,耐心听演讲者在说些什么、参加会议的嘉宾在谈论什么,在这个过程中,很有可能受他们启发,产生与其他人不一样的拍摄灵感。

虽然视觉新闻记者主要的工作是拍摄,但在新闻现场也需要备一支笔,将一些关键信息记录下来,如关键的人名、地名、组织机构、数据等,方便采访结束后整理照片,与文字编辑对接工作。

视觉新闻记者在新闻现场并不是一个机械的拍照工具,除了拍照记录现场,还需要时刻思考,抱着好奇和怀疑的心态看待现场发生的事情。当发现一些存疑的点时,要及时停下来去找相关人求证,找当事人了解,发现事情最真实的一面,这样一方面可以避免认知局限导致拍摄的照片误导受众;另一方面,在求证的过程中,说不定会产生新的拍摄思路。

(四)整理图片

在拍摄结束之后,视觉新闻记者要尽快整理照片。之所以强调尽快,一方面,怕时间太久,照片丢失;另一方面,时间越久,对当时新闻现场的环境和印象会越模糊,后期整理照片会更费精力。

整理图片主要有以下几步。

第一步,撰写照片说明。对照片进行简要介绍也是一个查漏补缺的过程,在撰写过程中,视觉新闻记者可能会对某张照片存在疑问或者发现缺少某个环节的照片,这时候就要尽快整理出来,采取相应的措施补救,比如回到实地或再邀请被采访对象补充图片资料。

第二步,整理归档照片。在采访现场,视觉新闻记者为了不错过每一个精彩的瞬间,会拍摄大量照片,但真正用到的可能只有几张。对于没被选中的照片,也不要急着删除,应建立相关资料库,标注事件、时间、地点、人物等信息保管起来,方便使用时检索。

第三步,视觉新闻记者与部门编辑(通常是图片编辑)交流当日的采访感受,并一起选择照片。部门编辑经验更丰富,而且是整个采访事件的"局外人",一方面首次看到照片比较敏感,可以选择更适合的照片;另一方面,可以更客观公正地帮助视觉新闻记者复盘当天的工作,有利于其日后成长。

资源拓展

《旱区的孩子》

我国著名新闻纪实摄影师任世琛为了记录干旱地区孩子在缺水的环境下顽强生存的现状,持续拍摄了十几年的长线专题——《旱区的孩子》(见图 3-3 至图 3-6)。这系列作品曾在全世界 146 个国家和地区展出,中国红十字会、中国环境文化促进会(2023 年 2 月更名为中国核安全与环境文化促进会)、中国环境新闻工作者协会、"绿动未来"环保公益众筹平台、中国环境报等单位和机构还利用这系列专题照片在全国多地启动了"甘肃水源慈善筹款摄影展"等一系列公益摄影展,引起了社会各界对甘肃地区缺水问题的关注。

图 3-3 《旱区的孩子》(组图之一)
任世琛 摄

图 3-4 《旱区的孩子》(组图之二)
任世琛 摄

图 3-5 《旱区的孩子》(组图之三)
任世琛 摄

图 3-6 《旱区的孩子》(组图之四)
任世琛 摄

第二节　视觉新闻拍摄

知识要点

1. 如何发现新闻；
2. 如何调查和分析新闻线索，挖掘深度、选择合适的采访角度；
3. 现场抓拍的优势和方法。

一、发现新闻

摄影报道的线索可以是主动获得的（如主动去重大事件或新闻人物中寻找或者深入普通民众中间挖掘），也可以是被动发现的。在客观条件的制约下，一些编辑部的选题更多依赖于公关稿件和现有线索，而非记者的一手采访和深入调查。如今网络发达，信息爆炸，社交平台上每分每秒都有海量信息涌现，视觉新闻记者要将海量的信息视为题材库，从中挖掘新闻，发现新闻线索。

（一）发现新闻线索

1. 脚板底下出新闻

新闻工作讲究脚板底下出新闻，要想捕捉最真实、最新鲜、最有价值的新闻，就得发挥求真务实的精神，迈出双脚，到一线生活中用心观察、用情体验。只有不断积累，才能有自己的感悟和判断，才能拍摄到高质量的照片。如果只是习惯于从别人那里听介绍，没有实际观察和亲身体验，所拍摄到的也只是被他人"嚼"烂的寡淡无味的新闻照片。

一位自由摄影师这样分享自己的拍摄经验：为了对被拍摄对象和场景有更深刻的认识，每到一个城市拍照的时候，都尽量选择走路或乘坐公共交通，避免打车，因为在走路和乘坐公共交通时，可以跟当地人一起，观察和体验他们真实的生活。正所谓"不入虎穴，焉得虎子"，深入其中才能有所发现，进而捕捉到真实、新鲜的形象信息。

2. 广交朋友，扩大人脉

虽然前面提到脚底板下出新闻，但凭记者自身的力量寻找到的新闻毕竟是有限的，要想获得更多的新闻线索，还需要记者广交朋友、扩大人脉，编织自己的信息网，获取新闻线索。

这里的人脉分为两种。一种是自己经常采访的业务线里的核心人物，如某个领域的专家学者、行业大咖、意见领袖等,他们要么是以专业见长,要么是以流量见长,要么两者兼备,对自己所在领域有着全面和独特的见解,且掌握着丰富的人脉资源。跟他们保持联系,达成良好的合作关系,甚至成为朋友,能让记者获取行业最新动态,从而挖掘有价值的新闻。

另一种则是同行业的媒体。从同行业的媒体获取新闻线索听起来很是不可思议,因为新闻讲究时效性和及时性,已经被报道的新闻怎么能再次报道呢?但其实每家媒体的定位不同,对同一事件进行报道的角度是不一样的。对于同行业媒体已经报道过的新闻,可以考虑从不同的角度再进行报道。有些新闻报道是具有连续性的,可以根据同行业媒体的报道,对事情接下来的走向进行预测,再进行追踪报道。再或者,如果觉得同行业媒体的报道不够全面,也可以做补充性的报道。而视觉新闻记者可以根据以上情况,补充拍摄一些更符合主题或视角不一样的图片。

3. 借助网络平台

随着互联网时代的到来,网络传播模式呈现去中心化的特点,人人都有在社交平台上发声的权利,再加上技术的进步,信息传播比传统媒体时代更为方便快捷。这给视觉新闻记者带来困扰的同时,也带来了机遇。

当今社会几乎人手一部手机,逐渐进入全民摄影时代。视觉新闻记者的作用和地位在慢慢削弱,很多新闻事件发生后,记者还没赶到现场,就有民众拍摄图片并上传到互联网。与此同时,视觉新闻记者也面临新的机遇,因为他们可以通过浏览一些门户网站和网友的个人社交账号,来了解当今的社会动态和舆论导向,从专业的角度对大众在网络上所关注的社会热点进行深度报道和挖掘。

比如,现在社交平台上经常有网友分享偏远地区的特色农产品滞销的信息,希望借助社交平台推销农产品。但普通网友的影响力有限,可能效果不佳。视觉新闻记者可以此为契机,前往当地拍摄,并将其编辑成新闻报道,凭借媒体自身的影响力,帮助当地农民解决农产品滞销问题。这样一来视觉新闻记者不仅可以给大众带来有价值的新闻,还可以与当地农民建立合作关系。

互联网上的消息来源鱼龙混杂,记者不能轻易相信网络上的内容,必须带着认真负责的态度,严谨地核查其真实性和可靠性,不然会犯一些低级错误。比如,2004年印度洋海啸过后,一些声称是海啸现场的照片在网络上疯传,很多网站和报纸都对这些图片进行了转载,但经证实这些照片是中国钱塘江观潮的照片,闹了场大乌龙。

(二)新闻线索的调查和研究

并不是所有的新闻线索都具备新闻价值。新闻线索是否具备成为选题的条件,需要视觉新闻记者展开一系列调查和研究。首先,要对新闻线索的真实性进行核实,如果新闻线索本身就是不真实的,可能会导致后面的采访白费或者造成假新闻。其次,还需要了解相关背景,看该背景是否符合当代社会的主流价值观,是否有其他媒体报道,如果有被报道过,要思考如何避免重复,从不同的角度报道。调查方式包括找相关人核实、提前进入现场走访、查阅相关资料等。

1. 挖掘新闻深度

平时收集的新闻线索,可能只是一件很小的事情,要想从一件小事中挖掘出大新闻,视觉新闻记者还需要发挥自己的钻研精神,不仅从纵向去调查事情发展的前因后果,还要拓展思维,多倾听不同的声音,分析事情的相关因素。

1987年,美联社的视觉新闻记者阿龙·瑞宁格(Alon Reininger)拍摄的新闻特写照片《艾滋病在美国》获得荷赛年度最佳新闻照片(见图3-7)。照片中一位艾滋病患者双臂溃烂,无助又渴望地看着镜头,让人们看到了人类面对未知疾病的无助和对生命的不舍。阿龙·瑞宁格之所以能拍到这张照片是因为他的妻子在报纸上看到一些同性恋感染了艾滋病,医生却不知道如何医治。摄影师的敏感度让他觉得这件事值得深挖,便花了6年的时间来了解和采访这个专题,最后拍下了这张照片,随即在社会上引发不小的关注,也引起了大众对艾滋病的重视。

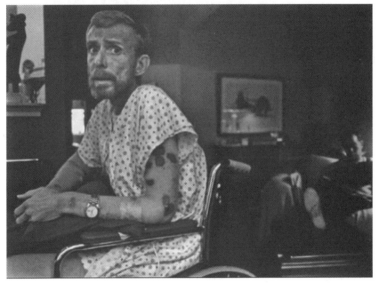

图3-7 《艾滋病在美国》
阿龙·瑞宁格 摄

2. 研究拍摄站位

在新闻拍摄现场,视觉新闻记者所站的位置、拍摄照片的角度十分关键。视觉新闻记者要提前调查,找到最佳的拍摄角度。《我们的队伍向太阳——中国首次以盛大阅兵纪念抗战胜利70周年》(见图3-8)系列照片曾在新华社刊登并获得第二十六届中国新闻奖新闻摄影一等奖。其中一张照片中航空编队组成"70"的字样,从习总书记头顶的天空飞过,画面堪称经典。为了拍好阅兵仪式,新华社高度重视,提前几个月便开始周密策划、精心安排。在准备阶段,摄影部专门成立了项目小组,多次研讨拍摄手段,在长安街两侧、天安门城楼、阅兵核心区等多个地方安排点位,确保不留死角,全方位记录,争取以最好的角度拍摄阅兵仪式。而这张经典的照片,就是在精心的策划安排下捕捉到的。

图 3-8 《我们的队伍向太阳——中国首次以盛大阅兵纪念抗战胜利 70 周年》
集体摄影作品

3.选取合适的镜头

随着摄影器材和技术的发展,市面上有各种各样的镜头供视觉新闻记者选择,而视觉新闻记者也可以借助各种镜头帮助自己拍摄更好的照片。正确认识各种镜头,深入理解视觉新闻的真谛,根据不同的新闻场景和特点灵活地使用镜头,发挥各种镜头的优势和独特性,也是视觉新闻记者的一项重要课题。

英国摄影家迈克·威尔斯(Mike Wells)曾拍摄了一张著名的《乌干达的干旱》(见图 3-9)。他使用广角镜头拍摄,在构图上将一只枯瘦的小黑手和丰润的大白手放在中心,广角镜头突出中心的视觉化效果,更突出了二者之间的对比感,形成了强大的视觉冲击力,将干旱所带来的苦难进行了充分的展示。

图 3-9 《乌干达的干旱》
迈克·威尔斯 摄

4. 避免虚假新闻

在获得新闻线索后,视觉新闻记者需要尊重事实,对线索进行详细的调查研究,尊重新闻规律,避免报道失实,误导大众。"黑手印"事件就是一个反面案例。2005年6月,黑龙江宁安市沙兰镇遭遇特大洪灾,《新京报》和《新闻晨报》都采用了一幅"黑手印"的照片作为头版头条(见图3-10)。照片中大水退去,教室的白墙上有几只黑黑的、细长的手印,新闻解释说这些手印是遇难学生求生时留下的,震惊了不少人。然而,这张照片一经公布也引起了大众的质疑,从当时的情况来看,学生遇难时留下手印的可能性不大,且手印右边还多了一只大人的手印。记者的天职是客观真实地报道新闻,对得到的新闻线索进行反复核查,认真调研,才是对大众负责。

图 3-10　"黑手印"照片

二、摄影采访

获得了新闻线索,对新闻线索进行调研,并确定选题后就可以进行摄影采访了。但在采访过程中还需要考虑是否被许可拍摄、与拍摄对象之间的交流等问题。

(一)获得拍摄许可

要知道的是,记者并不是所有的新闻现场都能进入,比如下面几种情况就会有所限制:第一,所发生的新闻事件有重要人物参与,有关部门对准入资格进行了严格的限制,如果没有采访许可证,就不能进入;第二,一些事情比较敏感或还在发展进行中,具体情况处于保密状态,不方便对外界展示,也不便于向媒体公布信息;第三,突发性新闻事件中涉及人财物等方面的损失,警务人员为了保护现场取证,无关人员不能接近现场;第四,有些被采访对象出于保护个人隐私或不想被打扰等私人原因,不允许记者进入现场。

面临以上这些情况,视觉新闻记者可能会比文字记者记者更难进入现场,因为一方面视觉新闻记者携带设备,容易被盯上,被人拒绝或拦截;另一方面,视觉新闻记者拍摄的图片会比文字更直观,产生更直接的效果,如果事件比较特殊,当事人会对视觉新闻记者格外警惕。

而为了进入现场,视觉新闻记者一般会采用公开身份或隐藏身份的方式。如果事先已经联系好采访,或者已经获得了采访许可证,视觉新闻记者亮明身份即可进入。有些时候尽管提前没有联系,但被采访对象希望媒体报道此事件,视觉新闻记者向对方说明来意,得到对方许可后也可以进入现场。但面对以上情况,视觉新闻记者需要随身携带能证明自己记者身份的证件,以避免引起不必要的误会。

在一些不被允许进入的新闻现场,如果视觉新闻记者必须进入采访,就可能需要隐瞒真实身份。由于隐瞒身份进入现场拍照会有一定的风险,所以视觉新闻记者在做决定前需要对风险和新闻价值进行评估,考虑事件的新闻价值值不值得冒险,同时还要考虑被拍摄对象的隐私权。对于大多数突发事件，尤其是重大灾难性事件，公众的知情权显然更加重要，视觉新闻记者应该尽力突破阻拦，报道真实信息。同时，对于一些调查性报道，视觉新闻记者只有潜伏进入新闻现场，才能得到一手的最真实的新闻事实信息。隐性采访的目的是满足公众的知情权，行使舆论监督的功能，将公众理应获知的消息传递给他们，但是在满足公众知情权的同时，还要顾及被摄对象的隐私权，并遵守相关政策和法规——视觉新闻记者需要在这两者之间权衡。此外，视觉新闻记者在判断是否隐瞒身份进行采访时还要考虑自身的安全。有的灾难现场（如山体滑坡、洪灾、台风等自然灾害）禁止视觉新闻记者进入是为了保护其人身安全。在一些调查性报道中，相关事故责任人可能为了掩盖事情的真相对记者动手。无论现场情况如何，人身安全是最重要的，视觉新闻记者要在确保自己人身安全的前提下开展摄影采访。

视觉新闻记者隐瞒身份进入新闻现场，一方面要保护自己，不要暴露身份，另一方面要把握时机，珍惜每一次拍照机会。因为一旦被发现，不仅可能会被"请"出现场，遇到极端情况，甚至不排除事故相关责任人对记者动手的可能，所以记者在现场一定要谨慎。为了尽量不引起他人的注意，视觉新闻记者应放弃过于显眼的专业摄影设备，尽量携带小型或隐藏式相机。在着装和打扮上也尽量低调，不要穿颜色过于鲜艳的衣服或者留夸张的发型。到达新闻现场后，视觉新闻记者要敏锐地观察周围的局势，预先在心底盘算最佳拍摄角度和地点。等周围的人放松警惕后，迅速拍下照片，做到快准狠。如果不小心被发现了身份，一定要保持镇定，切忌情绪激动，更不要与人发生冲突，要心平气和地跟对方解释，尽量争取保留照片。如果实在避免不了，被要求删除拍摄的照片，出于安全角度考虑，可以按照对方要求删除照片。但要记得删过照片的储存卡不要再用，因为储存卡的照片删除后，如果没有再使用，是可以利用专业的数据恢复软件找回的。现在科技发达，手机的拍照功能越来越强大，视觉新闻记者在现场也可以使用手机拍摄，拍完后立马发给同事，就可以避免上面这些麻烦。

如果由于客观条件限制，视觉新闻记者实在无法进入新闻现场进行拍摄，也不要放弃。视觉新闻记者可以在场外拍摄围观群众的反应，也可以拍摄想进入现场采访被阻拦的画面，这也是向大众报道新闻的一种方式。视觉新闻记者也可以在事件结束后进入现场，寻找一些蛛丝马迹。

（二）与拍摄对象合作

记者具有满足公众知情权，行使舆论监督的权力，但并不代表记者可以滥用职权，擅自闯入他人私人领域，肆意破坏他人的私生活。视觉新闻记者在工作中合理行使权力时，要尊重他人意愿，同时还要与拍摄对象进行友好交流，取得他们信任，这样他们才愿意把最真实的一面展现出来。视觉新闻记者在拍摄时要注意以下三点。

第一，视觉新闻记者要明确自己的身份和地位，与拍摄对象保持平等友好的关系，不要因为自己拥有在媒体平台发声的权力，就将自己放在高高在上的位置，不尊重拍摄对象，尤其是当拍摄对象是社会底层人物时。同时，也不要因为拍摄对象是大人物就刻意放低姿态，对他们低三下四。视觉新闻记者与拍摄对象之间应该是平等的相互尊重的关系。

第二，视觉新闻记者首先是记者，而不是机械的拍照工具，不是按下快门，拍完照就走，在拍摄前与拍摄过程中都要与拍摄对象进行交流，一方面可以与拍摄对象交流自己的想法，另一方面可以倾听拍摄对象的意见。双方充分交流，才能更好地配合，提高拍照效率。在拍摄前，视觉新闻记者与拍摄对象交流时，可以给拍摄对象看一些自己之前拍的作品，因为用语言描述自己想要的拍摄效果时，难免会词不达意，如果有直接的照片示范，就会更直观地帮助对方理解。另外，必要的时候视觉新闻记者还要跟拍摄对象说明拍照的原因和用途，以免对方因为不了解具体情况而拒绝或者不配合拍摄。在拍摄过程中，可以通过回放跟拍摄对象分享拍摄成果，这样更容易拉近与拍摄对象之间的距离，加强双方的默契。此外，在拍摄时，视觉新闻记者也可以与拍摄对象交谈。因为刚开始拍摄对象可能不适应，会有些紧张，这时候视觉新闻记者适度地与他们交流，可以缓解尴尬的氛围。交谈内容可以是拍摄的具体表现，也可以是与拍摄无关的话题。

第三，尽量多拍，让拍摄对象逐渐放松状态，忽视相机的存在。大多数人刚开始都不适应相机镜头对着自己，但进入拍摄状态后，就会慢慢忽视相机的存在。要让拍摄对象尽快熟悉拍照的感觉，其中一个诀窍就是不断地按快门，慢慢地，他们就会习惯快门声，进入自然的状态。

总之，拍摄就是视觉新闻记者和拍摄对象相互配合的过程，视觉新闻记者要发自内心地尊重拍摄对象，拍摄时与他们保持良好的沟通状态，这样才能帮助视觉新闻记者更顺利地拍摄出好的图片，完成摄影报道任务。

三、现场抓拍

现在大家谈到的视觉新闻拍摄方式主要有抓拍和摆拍两种，抓拍是一种视觉新闻记者不干涉拍摄对象的拍摄方法，能够较为真实地再现现场气氛，画面生动自然。摆拍是视觉新闻记者干涉拍摄对象，与拍摄对象进行接触沟通，照片是在双方的合作下完成的。

抓拍作为视觉新闻的主要拍摄手法，已经在新闻界达成共识。这种摄影方法的盛行可以追溯到20世纪20年代小型相机的诞生。1925年，随着摄影技术的发展，世界上第一台小型相机 Leica I Mod A 正式上市，从此摄影界进入小型相机时代。小型相机小巧便携，视觉新闻记者在拍摄新闻事件时可以迅速捕捉一些精彩的新闻瞬间，从此抓拍方法便在摄影界流行起来。

视觉新闻一直伴随着政治原则和艺术原则，新中国成立和发展之初，视觉新闻记者的身份和功能定位偏向于党的宣传工具，是集体的宣传者、鼓动者和组织者。这时期诞生了一系列的摆拍作品。改革开放后，随着以布列松（Henri Cartier-Bresson）为代表的一批西方纪实摄影师被介绍到国内，抓拍才进一步被业界重视。

视觉新闻工作中能否使用摆拍这个问题困扰了视觉新闻从业者多年，在实际工作中，每位记者都有摆拍的经历，甚至有些新闻现场不摆拍是得不到可以使用的照片的。摆拍并不是完全不能用，只是要谨慎，尤其注意不要制造假场景拍摄误导大众的照片。

(一)现场抓拍的优势

新闻的职责和使命是传递真实和记录历史。从外部形式来看,与摆拍所导演出的程式化、僵硬化的效果不同,现场抓拍可以在事情发展的过程中,在不打扰拍摄对象的情况下,拍摄其最真实的状态。这不仅能传达现场真实的氛围,还能给人身临其境之感。此外,因为抓拍是未经设计的,所以有时候会捕捉到一些意想不到的画面。

《人民日报》视觉新闻记者蒋铎是抓拍理念的践行者和研究者,从业五十多年来,蒋铎发表了很多经典的抓拍作品,还撰写了大量探讨视觉新闻的专著与文章。在1992年的《抓拍漫谈》中,蒋铎详细介绍了自己两次拍摄儿童题材新闻照片的过程和体会。他第一次拍摄《三好生》(见图3-11)时使用了摆拍的方式,事先计划好从哪个角度拍,挑选合适的拍摄对象,甚至在现场还会指导拍摄对象。虽然最后拍摄出来的照片里,学生可爱且精神饱满,但如果细看就会发现照片中的人物缺少心理活动,照片内容空洞。第二年,蒋铎又去拍摄了一次小学生,这次他选择了抓拍,提前进入教室和学生一起上课,等到学生对他习以为常了,他再抓拍学生们上课时的状态。他所拍摄的照片《一年级小学生默写》中,一位小女孩在黑板上默写生字,不仅手上很用力,而且嘴唇紧张,下巴跟着一起使劲,让人一下子就能感受到小女孩的紧张感和课堂紧张的氛围(见图3-12)。

图 3-11 《三好生》
蒋铎 摄

图 3-12 《一年级小学生默写》
蒋铎 摄

在这个信息爆炸的互联网时代,要想在海量的信息中抓住大众眼球,就得拍摄读者所渴望看到的充满新鲜感和个性化的图片。从内部形式来看,抓拍到的形象是人物情感、现场氛围、事情发展的浓缩,每一张图片都是对新闻现场的再现,包含丰富的信息。抓拍照片所表达的真实感、生活气息和故事感是无法通过摆拍"演"出来的。当今社会,一旦有一个成功案例,就会有海量的"流水化"复制品涌现,抓拍这种用心捕捉的真实感在互联网时代才更有传播力度。

《人民日报》记者蒋铎拍摄的著名照片《毛主席在天安门城楼》(见图3-13)中,毛主席面带微笑看向前方,让我们感觉主席近在眼前。这张照片是在1966年的阅兵仪式上拍摄的。阅兵当天天气晴朗,光线柔和,毛主席戴着军帽与同行的人谈笑风生,蒋铎立马按下快门,全力捕捉这个难忘的瞬间。这张照片也因其形象性和生动性,在《人民日报》上用半个版面刊发,被《人民画报》杂志选为封面,后来还被制成邮票、画片、宣传画等。

图 3-13 《毛主席在天安门城楼》
蒋铎 摄

新闻是内容和形式的统一,好的摄影不仅在外部形式上真实、丰富,在内部形式上也要个性化和新鲜。很多摆拍模式下"导演"的照片为了外在的形式,而忽略了内容的真实性。抓拍则是尊重事实,传递真实的信息,因而更符合视觉新闻规律的表达方式。

(二)现场抓拍的具体方法

因为抓拍是对拍摄现场发生的事情进行实时捕捉,视觉新闻记者没有调整现场的机会,也没有彩排的机会,所以要求摄影时眼疾手快,这对视觉新闻记者提出了更高的、更专业的要求。

首先,视觉新闻记者的摄影技术必须扎实。一方面,视觉新闻记者要熟悉相机的各项功能,了解相机的各项参数和各个功能键的作用。关键时刻能熟练地将相机调整到最理想的状态。另一方面,视觉新闻记者要有瞬间构图的能力。抓拍虽然是捕捉一瞬间的画面,但也是讲究构图的。真实和有故事的画面配上合适的构图,才能定格现场真实的氛围,让照片更有感染力。需要注意的是,在抓拍的那一瞬间,并没有很多时间留给视觉新闻记者来思考和沟通，这就要求平时多练习构图，只有熟练掌握各种构图技巧，才可以在按快门的那一瞬间迅速捕捉完美画面。

其次，视觉新闻记者要有丰富的经验，这表现在他面对难以预测的现场时，能够反应迅速，快速捕捉到精彩的瞬间。而这种敏感度只能在拍摄过程中慢慢培养并积累。

在抓拍的时候，视觉新闻记者可以从以下几个角度出发捕捉瞬间。第一，拍摄的时候要安排好画面中要出现的元素，既要避免要素过多，又要避免要素太少：要素过多，杂乱无章，会让主体不突出，受众无法体会到照片所要传递的信息；要素过少，元素过于单调，拍摄对象和主体不清晰，大众同样无法体会到照片所要传递的信息。如果画面中不可避免地出现多个要素，要合理安排，主次分明，突出重点。

第二，善于制造神秘感。神秘感会对大众的视觉形成挑战，从而吸引他们的注意力。可以利用剪影或身体局部（如画面隐藏主体脸部或者只留眼睛）、缩小主体、利用深浅景、利用引导线、寻找抽象物体等方式来制造神秘感，引导受众想象留白的空间。

第三，利用视觉语言讲故事。好的照片无须摄影师过多解释，就能讲故事。在抓拍时可以着重拍摄画中人物的表情，同时通过主人公周边的场景、人物关系、生活用品等来"讲述"更多照片外的故事，引起受众遐想。图3-14拍摄于巴勒斯坦加沙地区拜特拉西亚城，2021年5月，哈马斯和以色列双方达成了11天短暂的停火期，巴勒斯坦儿童们围坐在蜡烛周围，似乎在庆祝什么，而周围破败的环境有让人不禁联想到这里刚发生过战争。蜡烛的暖光和四周断壁残垣的冷色调形成对比，孩子的渺小和周围破败的大环境又形成对比，不禁让人体会到战争的残酷。

图3-14 《加沙的巴勒斯坦儿童》

法蒂玛·什贝尔(Fatima Shbair) 摄　盖蒂图片社

第四，以感情为根本。尽管世界上不同地区存在文化差异，但人类的情感是共通的。好的摄影作品一定是以人为本、饱含情感的，能够让不同语言、不同文化的人感受到作品中的情绪。所以，抓拍的时候要以人物的情绪为中心进行形象的捕捉。

图 3-15 的情节发生在希腊埃维亚岛古韦斯村,野火逼近画面中妇人的家,房子眼看着就要被大火吞灭。摄影师精准地捕捉到了主人公哭泣的画面,即使人们处于不同的文化地区也能够感受到她难过的情绪。

图 3-15 《埃维亚岛的女人》
康斯坦丁诺斯·察卡利蒂斯(Konstantinos Tsakalidis)摄 英国《每日邮报》

资源拓展

如何培养新闻敏感度?

1. 关注生活,时刻准备着

新闻线索的发现具有随机性,很多经典新闻的线索都是在不经意间被发现的。这看起来似乎全靠运气,但机会总是青睐有准备的人。一些新闻线索被发现的背后是视觉新闻记者的时刻准备。视觉新闻记者的工作很辛苦,总要第一时间赶往新闻现场,且新闻发生并不分休息和上班时间,但视觉新闻记者依然要时刻对新闻线索保持警觉性,不仅要在工作中思考,还要将思考习惯贯穿于生活中,留心观察生活中的细节,留意身边的人和事,并预测小事情的发展趋势,这样才能从微小的事件中培养新闻嗅觉,不错过有价值的新闻线索。2022 年 2 月 3 日,在人民日报客户端广东频道刊载,并获得 19.5 万次点击量的新闻——《看,这些"夫妻队""突击队""先锋队"挺在肇庆高新区防疫最前沿》,新闻线索就来自记者的朋友圈。该报道的记者看到朋友圈有高中生抱怨父母在抗疫一线,大年初一自己一个人在家吃饭,便立马调动了自己的新闻敏感度,从抗疫人员家人的角度策划了一个别开生面的选题,并获得了不错的反响。

2. 关心时事热点

视觉新闻记者不能仅仅盯着摄影这个领域,还应关注社会热点,关心社会中棘手的"老大难"问题。一方面可以从时事中抓取重要新闻,因为新闻具有时新性,时事通常是大众当前较为关心的问题的集合,如现代社会的人口问题、养老问题、就业问题等。与时事同步,才知道大众对什么内容感兴趣,才能从中挖掘到有吸引力的新闻。

另一方面,视觉新闻记者经常会拍摄采访一些政府颁布重大决议的现场,但如果平时不关注新闻,不了解时事,这些新闻事件对视觉新闻记者来说就会比较枯燥,拍摄的照片很有可能会落入直接配合和报道成果两大固定套路。著名视觉新闻记者贺延光在1998年的一次视觉新闻研讨会上提出:大代表在开会时,视觉新闻记者把自己当成了按快门的机器,拍照以外的事情都不关注,会议上的内容重点,如经济问题、房改问题、教育问题等,视觉新闻记者既不关注也不了解,显得很没有参与性。但视觉新闻记者不是单纯的摄影师,如果不懂新闻,不具备一定的新闻素养,其拍的照片也只能流于表面,没有新闻性。

3. 从点到面,培养超前意识

视觉新闻记者不应该只是从某一点看事物,还要有全局观念。从点到面,才能提高思想高度,培养超前意识,在平凡无奇的小事中,预测事件的走向,使新闻具有前瞻性。新华社中国特稿社的图片编辑曾璜就是一位很有前瞻性的视觉新闻记者。早在2000年,在其他媒体还没有关注到互联网的时候,他就敏锐地感受到互联网的力量,并且预测其会对未来社会产生很大的影响,于是便将镜头对准了"中国硅谷"——中关村,拍摄了大量中关村互联网发展和创业者的故事。后来国内互联网飞速发展,当同行们纷纷涌入中关村拍摄照片时,他已经掌握了大量可以供媒体使用的照片,且因他拍摄的时间跨度更长,题材也更丰富。

第三节 视觉新闻编辑

知识要点

1. 拍摄现场处理图片的方法;
2. 图片后期处理应注意的事项。

一、现场处理技术

随着现代摄影技术的进步和摄影装备的数字化,现在的摄影编辑环节相较于胶片时代,多了一个图片现场处理环节。

数字技术让摄影变得更快捷、更便宜。与传统胶片机相比,数码相机最大的特点就是拍摄后,可以马上通过屏幕查看拍摄效果,不用像胶片机一样要把照片冲洗出来才能看得到效果。这就使得视觉新闻记者可以随时查看拍摄效果、选择满意的照片、删除不好的照片,也给了视觉新闻记者在拍摄现场处理并传输图片的机会。

虽然技术让摄影和选片变得更方便,但视觉新闻记者还是要遵循胶片时代的核心传统:珍惜按下的每一次快门,将每一张照片都当作最后一张照片来拍。在胶片时代,出于技术限制和控制成本的考虑,最好的照片往往是下一张。但在数字时代,技术让拍照变得更容易、更便捷,有些视觉新闻记者按下快门也没有以前那么谨慎了。为了保险起见,有些视觉新闻记者会不断按快门,试图用数量换取高质量的照片,缺少追求最好的新闻瞬间的精神和动力。

但是数量并不等于质量,拍多了并不意味着拍好了,如果没有缜密的思考,没有对新闻价值的准确判断,拍得再多也不一定能够拍到最好的新闻瞬间,反而会因为快门按得过于草率,导致花费大量的时间来精选照片,不仅降低了工作效率,还会浪费储存空间,甚至可能会导致视觉新闻记者因相机储存卡内存不够而边拍边删,不能将精力集中在拍摄上,给工作带来不小的麻烦。

为了避免以上问题,视觉新闻记者在现场拍摄时应该忘记自己手中拿的是数码相机,争取按下的每一次快门拍下的都是最精彩的瞬间,不要寄希望于这张不行了,还有下一张来补救。

此外,视觉新闻记者拍摄时要把精力放在拍摄上,而不是判断照片好坏上。第一,新闻现场的事情难以预测,视觉新闻记者要对现场专注,拍了照片急于选片会分散注意力。第二,视觉新闻记者主要的职责是拍照,选片主要是编辑的责任。视觉新闻记者并不知道照片最终会被选为封面还是配图,是在手机端传播、电脑端传播还是平面媒体上传播,所以并不能代替编辑行使职责。第三,照片在相机的小屏幕上的效果和在电脑电视等大屏上的效果不一样。有时候小屏幕上的一些细节需要放到大屏幕才能看清楚。保险起见,在拍摄时间很紧张的情况下最好不要随意删除照片。第四,大家一般习惯于站在当下的视角删除或选择照片,但有些照片会随着时代的更迭被赋予不同的历史价值。一张照片可能今天平平无奇,但未来照片里的人和背景可能会被赋予新的意义。

虽然说视觉新闻记者在拍摄时不要寄希望于数码相机可拍摄的机会多,要集中精力在现场,但并不是意味着要视觉新闻记者完全不在现场回看拍摄的作品。在不影响拍摄的前提下,比如休息空档,可以趁机回看拍摄的照片,总结拍摄得好和不到位的地方,提醒自己在后面的拍摄中不要犯之前的错误;或者即时将照片传送给编辑部,询问他们的意见和要求。

二、图片传输

图片传输一般分为现场即时传输和拍摄完成后传输。随着互联网的发展,信息传递越来越方便,对于一些突发性新闻或对时效性要求较高的新闻,如果视觉新闻记者不能在现场即时传输照片给编辑,对新闻进"现场直播",做第一个发稿者,很可能就会被竞争对手抢先发布,或者现场的围观群众直接用手机拍摄,上传到互联网。如果一个媒体所发布的总是别人发过或者平台上已经被大家讨论过一番的新闻,将难以留住用户。

当所拍摄的不是突发的对时效性要求很高的新闻,照片的需求不那么紧急时,视觉新闻记者可以先在现场集中精力拍照,结束后再整理照片传输给编辑。有些媒体单位会有自己的照片上传和编辑系统,方便统一管理。有些媒体单位则是通过邮箱、即时通信软件等传递图片。不管使用的是哪一种方式,在传输图片时视觉新闻记者都要在图片上撰写说明,包括与图片相关的时间、地点、人物、事件等信息,这一方面方便统一归类整理,另一方面也方便编辑挑选照片。

三、图片后期处理

(一)尽量保持照片的原始状态

新闻是传递真实的信息给受众,但是传播者在选择传播内容的时候会选择性地展示一些信息,这就有可能在视觉真相和假象之间形成一个比较大的中间区域。为了避免这种情况,在处理后期图片的时候要尽量保持图片的原始状态,不要轻易剪裁或者做大幅度的调整。

在胶片时代,为了尽可能多地还原真实的现场,图片编辑不仅看视觉新闻记者挑选出来的作品,还要浏览他的所有原始作品。这样做是通过全面了解作品,解读图片的意义,防止因孤立地看一张照片,误解图片意思。

如今的数码时代,现代化技术改变了这一传统,底片只在一小部分人中使用。视觉新闻记者更习惯于一边拍一边删除,随后还会在电脑里再进行编辑,最终可能仅仅挑选几张满意的照片发送给图片编辑。这样虽然方便很多,但也使得图片编辑和视觉新闻记者之间的联系变少。视觉新闻记者选出来的是自己满意的照片,但他对照片进行后期处理也是基于自己对事件的认识,从挑照片到编辑图片,都不可避免地会带有个人的主观色彩,使得照片呈现一定的局限性。

因此,在如今的数码时代,视觉新闻记者应尽量将原图片交给编辑选择,让编辑以"局外人"的身份,从全方位的视角选择图片。定好图片后,在保持图片原始特征不变的情况下,进行适当的剪裁、修改和调整。

(二)谨慎处理拍摄的照片

不管在胶片时代还是数码时代,都存在着修改图片的现象,而新闻是讲究真实性的,所以抵制假照片带来的虚假新闻是新闻从业人员应遵守的工作准则和应具备的职业道德。编辑图片时,在不改变图片本来意思的基础做较小的修改是可接受的,如适当剪裁、调整照片局部的亮度、涂掉各种原因产生的污点等,但一定不能利用修图技术刻意歪曲或者制造不存在的新闻事实。

(三)归档整理照片

照片发布后,并不代表视觉新闻记者的工作结束了。对于未被挑中的作品,也要进行整理归纳,而不是置之不理。有些照片没被选中,不代表着以后就用不着。将照片标注好时间、地点、人物、事件等信息,按照拍摄内容放入不同的文件夹,如政治、经济、娱乐、人物等,方便日后使用。同时,视觉新闻记者可以梳理自己的最佳作品,单独装进一个文件夹,方便日后参加比赛、交流分享以及申请基金使用。

资源拓展

2006年,摄影师林勤的作品《中国农村城市化改革第一爆》曾获得2006年国际视觉新闻比赛(华赛)经济与科技类的金奖(见图3-16)。这张照片记录了深圳市某"城中村"爆破改造的情景。图片中粉尘飞舞,高楼东倒西歪,场面十分震撼,但最后被确认为是合成照片,被取消了获奖资格。

图 3-16 《中国农村城市化改革第一爆》

林勤 摄 《深圳商报》

本章回顾

视觉新闻是摄影和新闻的集合,在拍摄前期要以新闻真实性、客观性、公正性为原则策划新闻选题。策划短线任务的选题,要寻找新闻由头。策划长线任务的选题,要注意深度挖掘,同时要列好拍摄计划。在整个工作流程中,要遵从编辑指派的任务,拍摄前做好功课,多了解采访对象的背景,采访现场的环境,以帮助自己挖掘更有价值的新闻,找到最好的拍摄角度。抓拍是重要的拍摄手段之一,视觉新闻记者在拍摄环节要反应迅速、灵敏,时刻关注现场发生的事情。拍摄完成后要整理图片,跟图片编辑交接,对于暂时不需要的照片,要存档分类。

关键概念

新闻选题 新闻线索

复习与思考

1.视觉新闻采访前要做些什么准备?新闻选题要具备哪些要求?

2. 新闻视觉采访工作有哪些步骤？需要注意哪些事情？
3. 照片拍摄完成后，要经历哪些处理环节，各环节需要注意什么事项？

单元实训

1. 学习第一节和第二节的内容，策划一个具有新闻性的选题，并制订拍摄计划。
2. 学习抓拍的要领，抓拍一组照片，并进行编辑归档。

第二模块 视觉新闻报道实务

DIERMOKUAI

视觉新闻头条报道 第四章

本章思维导图

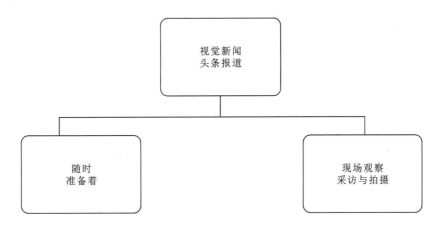

课前导读与体验

　　融媒体时代的出现,打破了传统媒体时代视觉新闻的发展现状,不仅使得视觉新闻传播媒介、生产主体更加多元,还增强了视觉新闻的时效性,在这一过程中,需要传统视觉新闻工作人员适应融媒体时代的发展环境和趋势,增强自身工作的专业性,提升各项工作的时效性。融媒体时代,视觉新闻工作者在采集新闻图片之后,需要快速明确具体的内容、构成相应的画面、设置情感元素内涵,及时利用融媒体传播给受众群体,同时也要严格考察新闻图片的真实性,以最快速度抢抓新闻头条和独家报道,形成一定的品牌效应。因此,视觉新闻记者更要做好采访与拍摄之前的准备工作。

小问答

1. 传统视觉新闻工作者如何适应融媒体时代的发展环境和趋势?
2. 视觉新闻记者采访前需要做哪些准备?

第一节 随时准备着

知识要点

1. 视觉新闻记者的准备工作；
2. 视觉新闻记者针对形象的采访。

视觉新闻记者在进行采访之前，需要分别进行文字准备和形象准备。

文字准备是指查阅与选题相关的新闻报道或书籍、文章等背景资料。通过阅读材料，充分了解选题背景，在现场拍摄时迅速找准切入点。视觉新闻记者要认识到自己从事的并不仅仅是拍摄工作，而且要用照片讲故事，所以采访与拍摄之前的准备工作非常重要。

形象准备是指视觉新闻记者要充分了解所拍摄对象的形象特征，特别是在进行人物拍摄时。大多数情况下，现场拍摄都会非常匆忙，如果到了现场准备拍摄时，才开始了解被摄对象的外形特点、性格特征所投射的一举一动等，那么，视觉新闻记者很容易手忙脚乱，无法拍摄到重要的内容。如果事先就了解被摄对象的一些行为习惯，以及其个性所表现出来的人物特征，那么在拍摄过程中，对于重要信息的捕捉就会更准确，拍摄会更有把握。在形象准备阶段，视觉新闻记者不仅要对被摄对象以往的照片进行查阅，更要与被摄对象进行尽量多的接触，仔细观察其言行举止。一般而言，正在拍摄中的被摄对象很容易因为紧张而动作变形，因此，视觉新闻记者要通过接触被摄对象使其放松，以拍摄到被摄对象最自然状态下的动作、表情等。

与文字记者的采访不同，视觉新闻记者的采访要落实到形象中。这种采访是一种针对形象的采访，拍到有价值的形象是视觉新闻记者最重要的工作。这种针对形象的采访包含以下几个过程。

第一，对形象价值的综合判断。这个思考过程一般发生在拍摄之前。视觉新闻记者选择的题材与文字记者不一样，一般要符合两个要求：一是内容上有意义；二是视觉上有意义或有可视性。有的题材在内容上有意义，但是在视觉上未必有意义或不具有可视性；有的题材在视觉上有冲击力，但是在内容上没有新闻价值。视觉新闻记者要通过调查研究找到能够把这两个特点结合起来的形象，然后进行拍摄。

第二，对形象的全面摄取。视觉新闻记者需要在现场边拍摄边采访，并且要尽可能多地拍摄。视觉新闻记者的工作不只是多角度、多维度了解情况这么简单，还要把这些视觉形象通过镜头记录下来，因为很多瞬间如果离开了特定空间、特定时间可能就再也捕捉不到了。

法国《解放报》的图片编辑就强调视觉新闻记者在和文字记者一起工作时要多拍,而所谓多的含义就是:视觉新闻记者首先要了解文字记者所写的内容,可能还要看看其他媒体对这件事的看法,然后在头脑中形成自己的看法并且在拍照时将自己的观点表达出来;视觉新闻记者甚至可以拍一张与文章内容观点完全相反的照片,图片应该是独立的,它应该为文章的内容做更多的补充,并不需要与文章完全相同,也不是仅仅在图解文章。所以"多"就是指视觉新闻记者要为文章带来更多的或不同的内容。

　　第三,对形象的确认。你拍到的照片里的人物是谁?在干什么?为什么做这个?这是视觉新闻记者必须回答的基本问题。但有些视觉新闻记者连这些看似简单的问题都无法回答,所以到了写文字说明的时候就非常头疼。2003年,在世界新闻摄影荷兰基金会举办的青年摄影师培训班上,来自亚洲和欧洲的一些年轻摄影师被要求以"移民"为主题拍摄一个图片故事。一个西班牙小伙拍摄了移民足球俱乐部的故事,但在编辑图片的时候,他却无法给自己的照片写说明,因为他对自己所拍摄照片的视觉信息无法确认。比如,有一张照片是队长在更衣室鼓舞士气,而这位队长叫什么名字、来自哪个国家,他都无法回答。他还拍摄了一张这个移民足球队打败本地足球队的照片,但打败的是哪支球队、比分是多少,他也不知道。这就是缺乏采访的表现。另外,在采访过程中,形象确认和现场拍摄有可能发生矛盾,视觉新闻记者在拍摄的时候可能来不及采访,但是在拍摄结束后,视觉新闻记者应该尽量找时机进行采访、核实。当然也可以在事后再去联系采访,但是这样会比较麻烦,也有找不到当事人的风险。

　　文字记者采访的成果体现为文字报道中观点的引用和事实的描述,读者在阅读文字的过程中通过想象来丰富字里行间的意义、体会报道内容,从而获得信息;视觉新闻记者采访的成果则体现在新闻形象的捕捉和文字说明的写作两个方面,形象真实、鲜活,耐人寻味,读者能够看到照片,却看不到视觉新闻记者的采访过程。所以说,文字新闻能够体现采访过程,而摄影报道则只能呈现采访结果。正是这个原因,一些刚入行的视觉新闻记者往往只看到自己技不如人,却没有看到照片背后一系列艰辛的付出,其实那才是获得成功的关键。

第二节　现场观察采访与拍摄

知识要点

1. 现场采访需要重视五个"勤";
2. 通过采访获得拍摄许可。

一、现场采访

视觉新闻记者到达新闻现场后,需要重视五个"勤"——勤看、勤听、勤记、勤思、勤问。

1. 勤看

勤看就是要四处走动,不要只专注于人群扎堆的地方,还需要在周围多转几圈。在拍摄现场,最常见的情景就是视觉新闻记者一拥而上,大家都挤在事件发生的主现场进行拍摄,这样确实可能比较容易出画面,但其结果就是呈现出来的照片千篇一律,并且只呈现出了事件的某一个角度。所以不妨多转几圈,转到后台、人少的地方,或许会有新的发现。例如,《奥巴马总统竞选记录》组照就获得了 2009 年普利策专题摄影奖(见图 4-1)。

图 4-1　奥巴马走进在辛辛那提大学的竞选集会的后台
达蒙·温特 摄

2. 勤听

勤听就是要尽可能捕捉所有有用的信息。例如在会议中的发言,可能比较枯燥,并且少有画面可拍。这个时候视觉新闻记者与其休息,倒不如坐下来,听听与会者都在谈论什么,可能会对自己的拍摄有一些新的启发,对照片文字说明的写作也会有帮助。

3. 勤记

勤记是指尽可能全面地记录采访中得到的信息,视觉新闻记者可以使用小笔记本或者录音笔等,将事件所涉及的地名、人名、机构、数字等信息随时记录下来。很多信息如数据、人名等在听过之后很容易忘记,要做到随问、随记、随录。

4. 勤思

勤思就是对现场收集到的信息有所分析,进行考证。视觉新闻工作者应该具备两个特点:好奇和怀疑。好奇是指对周围的新事物充满好奇之心;怀疑则是不能单看事物的表面或者一面,要辩证地看待事实。

5. 勤问

视觉新闻记者在采访的同时还要求证,而求证的最佳方式就是勤问。在事件现场不要只忙于拍摄,适当地停下来和周围的人聊聊,对当事人进行采访,多提出问题,有的时候采访可能会为视觉新闻记者带来新的拍摄思路。

二、积累人脉及获得拍摄许可

(一)积累人脉

第一,新入行的视觉新闻记者要认真地逐步积累自己的资源,建立人际关系网。视觉新闻记者应该广交朋友。记者这份工作就是围绕着人与人之间的关系展开的,记者是传递信息的枢纽,如果不关心人,不关心周围的世界,不抱着一种开放的心态,这个信息传送的枢纽就会断开。当然,记者也应该以诚相待,不能以欺骗和隐瞒的方法来骗取他人的信任和帮助,要真诚、坦白地告诉对方自己的职业需要,从而获取帮助。

第二,整理自己工作领域主要机构的名称和联系方式。在大多数媒介机构,视觉新闻记者都有自己专门负责的领域,比如,经济类报道或者社会新闻等,这种细分的方法可以让记者和这一领域的关键人物建立长期的联系,可以使记者较为深入和全面地对这一领域的动态展开报道。如果视觉新闻记者是专门负责文化教育方面报道的,那他就应该有各种文化教育部门和机构(如文化行政部门以及博物馆、展览馆、剧场、影院、学校等各类机构)的联系方式,还要有相关负责人的联系方式。这将使视觉新闻记者在必要的时候与相关人员及时取得联系,甚至获得特许,采访某些幕后人物或事件以及提前获知新闻线索。当一个新闻事件发生时,拥有详细的联络方式将使一切变得不同,因为视觉新闻记者知道应该联络谁,能够得到帮助和指导,采访的效率和效果自然会得到很大提升。

第三,积累各个机构的宣传部门负责人、新闻发言人以及公关部门负责人的电话。大多数机构都有自己的公关部门或者新闻发言人,他们的工作就是联络媒体,帮助记者得到需要的信息,从而使其所服务的机构能够得到媒体的关注并扩大影响力。正因为如此,他们必须且很乐于和媒体打交道,也掌握着所在机构的最新发展动向。但是视觉新闻记者也应该小心,因为他们同样也会遮掩信息或阻止采访,从而控制负面消息的传播,这个时候,他们就有可能变成最难缠的一群人。他们还有可能采用多种技巧进行"危机公关",视觉新闻记者要避免自己被其利用。

第四,其他同行的联系方式也很重要。媒体从业人员彼此之间并非只有竞争,也可以在必要的时候组成联盟共同工作。

第五,利用互联网建立各种联系。网络拥有丰富的信息来源和资料,其本身也是一个帮助人们建立联系的工具。新一代互联网产品更加注重人与人之间的聚合,有很多简便实用的互联网产品可以促进网民之间的沟通交流。对视觉新闻记者来说,互联网是非常值得利用的工具,有的时候视觉新闻记者甚至可以从对方的网络签名中嗅到信息。视觉新闻记者可以借此结交职业圈子内外的各种朋友,但是,同时也要注意,由于网络上的人可能是匿名的,因此还要确认消息来源,应多方收集更多的信息来进行佐证,警惕假新闻和恶意炒作。

(二)采用不同的采访方式

到达采访地点后,有时候视觉新闻记者能顺利进入新闻现场采访,有时候则会因特殊条件有所限制,如需要采访证、现场情况不明朗、事件仍在发展中、不方便对外公开、危及记者人身安全等。根据被许可情况,采访又分为显性采访与隐性采访。

显性采访是指视觉新闻记者以公开身份的方式进入现场。显性采访一般是视觉新闻记者事先已经联系好采访,以公开的身份进入,并且当事人还希望媒体报道此事件。因此视觉新闻记者只要向对方说明来意,即可进入现场。视觉新闻记者进入现场应随身携带能证明记者身份的证件(见图4-2),实习记者则可以向实习单位申请办理一张加盖单位公章的介绍信。

图 4-2 新闻记者证

隐性采访则是指在难以进入的新闻现场,视觉新闻记者隐瞒身份进入采访现场拍照。因为隐性采访具有风险,且投入较大,在决定隐瞒身份进行采访之前,视觉新闻记者首先要确认事件的新闻价值,从而判断值不值得隐瞒身份进入采访现场。

隐性采访的目的是满足公众的知情权,行使舆论监督的功能,将公众理应获知的消息传递给他们。但是在满足公众的知情权的同时,还要顾及被摄对象的隐私权,遵守相关的政策和法规——视觉新闻记者需要在这两者之间权衡。同时还要考虑对方拒绝记者进行报道的理由是什么,以免对被采访者造成困扰。对于公众知情权更重要的新闻事件,如突发事件,尤其是重大的灾难性事件,视觉新闻记者应该尽力突破阻拦,报道信息。

此外,记者在隐瞒身份进行采访时,还要考虑自身的安全,像一些灾难现场,不让记者进入现场采访,是为了保护记者的人身安全。而一些事故现场,当事人为了不被曝光,甚至会对记者大打出手。没有什么比生命更重要,视觉新闻记者要先确保自己的人身安全和设备安全,然后再考虑如何展开视觉新闻报道。

在报道突发事件的时候,视觉新闻记者要在获知消息之后及时赶到现场,熟悉通往新闻现场的道路可以帮助视觉新闻记者以最快的速度到达。《京华时报》一位记者在报道八达岭一次重大车祸的时候,由于出租车司机对道路不熟悉,赶往现场时绕路,耽误了一个多小时,使采访和发稿都受到影响。

由于突发新闻不可预知,通常视觉新闻记者到达之后,见到的是事件发生之后的现场。此时警察已经到场进行处理,或救援人员已经抵达,受伤人员已经送往医院,现场已经被清理或者隔离。但是视觉新闻记者不能就此放弃新闻,这里仍然可以拍出能够传达信息的好照片。作为对于事件的追踪报道,视觉新闻记者可以拍摄救援人员、围观人群的反应以及现场残留的场景,还可以到医院拍摄伤者的情况,或者对当事人进行采访,这些都是有效的传递信息的方法。当然,有的时候,视觉新闻记者会遭到阻拦,把这种阻拦的场面拍摄下来,也是向读者传递信息的一种方式。

本章回顾

本章着重介绍了融媒体时代视觉新闻头条报道的特点,以及视觉新闻工作者如何获取头条新闻,视觉新闻工作者在采访前需要做好文字准备和形象准备,并且能够扩大人脉获得拍摄许可,通过与被摄对象合作更好地完成摄影报道任务。

关键概念

头条报道　形象采访　现场采访

复习与思考

1. 什么是视觉新闻头条报道?
2. 简述视觉新闻采访的基本常识。
3. 简述隐性采访与显性采访的区别。

单元实训

1. 分析融媒体时代,视觉新闻头条报道中图片的重要性。
2. 举例说明视觉新闻采访前如何进行文字准备和形象准备。
3. 根据实践经验谈谈如何进行现场采访并获得拍摄许可。

非事件性视觉新闻报道　第五章

本章思维导图

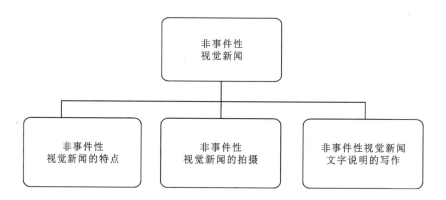

课前导读与体验

　　媒体常用的照片中有一种并不强调时效性，这就是非事件性视觉新闻。这些照片表现平凡的日复一日的百姓日常生活，但是具有很强的生命力，题材涵盖生活的方方面面，以至于有人这样定义它：除了事件新闻照片以外的所有照片。

　　非事件性视觉新闻可以缓和大量事件性新闻（尤其是突发事件新闻）给受众带来的紧张感和压迫感。美国合众社的视觉新闻记者戴夫·伍兹（Dave Wurzel）在一次访谈中谈到：(20世纪)30年代，报纸的头条常常刊登凶杀、灾难、事故这样能够引起轰动的题材的照片，但是现在，报纸的头条常常刊登非事件性新闻图片。因为读者接受的令人沮丧的信息太多了，他们希望在看到报纸时能够缓解悲伤的情绪。所以图片编辑试图刊登一些轻松活泼的非事件性新闻，而不是比较生硬、直截了当的事件新闻，以使读者在读了许多灾难、政治、经济新闻之后，获得一种视觉上的放松与享受。

　　非事件性视觉新闻更多表现的是变化相对缓慢的事物，或者日常生活中相对轻松而有趣的一面，比如孩子扮的鬼脸、城市的新气象，以及美丽的自然风光等。相较于一般新闻类图片表现题材的重要性、显著性、戏剧性，非事件性视觉新闻更多表现的是一种日常的平凡的普通生活片段。例如，三峡大坝合龙的照片是事件性视觉新闻，而三峡库区的人文景观和自然风光则是非事件性视觉新闻。从另一个角度来说,非事件性视觉新闻与事件性视觉新闻最大的区别就在于,事件性视觉新闻具有很强的时效性,而非事件性视觉新闻在相当长的时间里都可以被媒体采用。

小问答

1. 非事件性视觉新闻与事件性视觉新闻有何区别?
2. 非事件性视觉新闻拍摄如何选择主题?

第一节 非事件性视觉新闻的特点

知识要点

1. 非事件性视觉新闻描述的是"时间段";
2. 非事件性视觉新闻需要配合特定的报道、栏目和板块。

非事件性视觉新闻在某种程度上包含特写性视觉新闻,即在事件发生的较长一段时间过程中,视觉新闻记者通过放大某个细节或某个画面来表现这段时间内发生的事件特点。这种照片往往通过拍摄某些不起眼的角落,来反映一段时期内的时代变化,或某件事情发生后对社会产生的持续性影响。这类照片同样不能用时间点来描述,因此也属于非事件性视觉新闻报道的领域。

非事件性视觉新闻拍摄往往比较从容,因而图片经得起技术和艺术两方面的推敲,具有艺术性和可欣赏性,但也有不可兼得的情况,这种时候要先把照片拍到再考虑构图等其他艺术性的体现。表现日常生活的非事件性视觉新闻通过对寻常事物富有个性和角度的揭示来表现一种新时尚、新风格、新观念,让人们通过图片和文字重新认识生活,用新的方式讲述老故事。

具体来讲,非事件性视觉新闻有以下几个特点。

第一,它对时间的描述是"时间段"而非"时间点"。突发事件新闻猎取的是瞬时的变化,因此它的时间节点显著,也很快就会过时。而非事件性视觉新闻表现的是生活现实在一段时间内的缓慢变化,这是它"保鲜期长"的原因,但并不是说它没有时效。非事件性视觉新闻同样需要能体现时代变化,或充满新意。

第二,非事件性视觉新闻的拍摄也需要由头。有些人认为,既然非事件性视觉新闻没有明确的事件和时间，那么可以拍摄任何事物，不考虑拍摄和发表时机，这也是对非事件性视觉新闻的误解。如上面谈到的，非事件性视觉新闻实际上描述的是一个时间段的变化，它的拍摄因此也要结合一定的时机，也就是说需要一定的由头，比如配合特定的报道、特定的栏目、特定的板块，只有这样，才能体现出非事件性视觉新闻最鲜活的一面。

第三，非事件性视觉新闻通常表现生活，强调感情和趣味，体现视觉冲击力。由于非事件性视觉新闻拍摄的不是突发性新闻事件，因而在时效性上会有所欠缺。为了让它能吸引受众注意力，需要在情感上有冲击力，或者做到富有趣味。图 5-1 展示的是 2006 年在黎巴嫩首都贝鲁特的南部郊区一处被以色列炸毁后的家园，几个年轻人驾驶着红色跑车，不仅神采飞扬，还兴奋地与身后的废墟合影。尽管不少专业人士批评这张照片不应该获得荷赛大奖，但也有不少人对这张照片喜爱有加，认为里面的内容非常耐人寻味。

图 5-1　2007 年荷赛年度图片、日常生活类单幅一等奖
斯潘瑟·普拉特(Spencer Platt) 摄　盖蒂图片社

如何用好非事件性视觉新闻是对图片编辑的挑战。由于非事件性视觉新闻的上述特点以及形式上的特殊性，较之一般的事件性新闻，它可以更加生动活泼。图片编辑在使用这类照片时，如果使用得当可以调节气氛，使用不当则会使非事件性视觉新闻出现得非常突兀。《新京报》的"城市表情"栏目是一个成功的范例，作为一沓报纸的封底，轻松的非事件性视觉新闻是很好的收尾（见图 5-2）。

图 5-2　《育雏》
摄者不详

第二节 非事件性视觉新闻的拍摄

知识要点

1. 非事件性视觉新闻往往"以小见大";
2. 非事件性视觉新闻的切入角度。

非事件性视觉新闻的拍摄往往用典型细节来表现和概括新闻事物,或对重大新闻事件的局部典型事物进行"特写镜头式"的表现,或从极富个性特征的角度对新闻事物、人物、事件进行揭示。视觉新闻记者要善于抓住富有个性的特征并从独特角度对新闻事物、人物、事件加以揭示,对细节进行强化处理,从而让人获得"以小见大"的视觉感受和心理感受,并达到从更深的层次揭示新闻事件的特点和意义的目的。具体的切入角度有以下几点。

(一)以小见大

非事件性视觉新闻往往把镜头对准身边的百姓生活,记录常见的人和事,通过一个小的事件和视角,来反映社会问题或社会热点,折射社会巨变的大背景,从而引起人们的思考。《时代周刊》摄影师安东尼·苏奥(Anthony Suau)拍摄的《陷入危机的美国经济》(见图5-3)就是一个很好的证明。图片中,警探正在检查一栋被查封的住宅,原房主因无力偿还房贷而被法院裁定驱逐出自己的住宅,以此折射出2008年金融危机对美国的影响。

图 5-3 《陷入危机的美国经济》
安东尼·苏奥 摄

(二)现场之外

在事件性新闻拍摄中,视觉新闻记者的注意力通常聚焦在现场,捕捉一些现场的照片,对场外发生了什么并不在意。但其实,在场外也能拍摄到一些有价值的非事件性视觉新闻,这些图片能从不同的角度增加报道的故事感和新闻性。图 5-4 这幅《农民工的春天》是"两会"期间记者在北京某繁华地段的一工地上拍摄的,照片中一位农民工和女友正有说有笑,十分幸福。而就在当天,第十届全国人民代表大会第四次会议的首场新闻发布会透露,过去的一年我国着重解决了劳动者权益保护等关系到人民群众切身利益的问题。截止到 2006 年 1 月,各地政府和企业累计偿还拖欠工程款 1673 亿元,占已清理出的 2003 年以前竣工工程拖欠总额的 90%。而这个新闻的报道并没有将会议现场的图片作为配图,而是将农民工与女友在一起的照片作为配图,虽然图片的新闻性稍弱,但它将镜头视角转移到会场外,用农民工的幸福来衬托文字报道的核心思想,相互呼应,增强了报道的新闻性,也更抓人眼球,避免会议新闻的枯燥无味。

图 5-4 《农民工的春天》
赵青 摄

(三)事件之后

大多数视觉新闻记者都习惯于将拍摄视野放在事件发生之时,捕捉事件发生时的情况,却忽略了事件结束之后发生的令人意想不到的新闻。2008 年四川汶川发生 8 级大地震,全国各地的记者涌入四川采访报道,然而在大地震发生大约半年后,《中国青年报》的记者赵青又走访了大地震中受灾最严重的四川省北川羌族自治县,并拍摄了摄影专题《望乡台》(见图 5-5)。照片中人们在凄冷的冬雨中登上"望乡台",展现了地震后当地人的精神状态和对家园的牵挂。这些照片一见报,就受到了社会广泛的关注。

图 5-5 《望乡台》
赵青 摄

(四)幕后新闻

发生在幕前的事情通常比较容易被观众看到,但其实演员在幕后的花絮,才是真实的本能反应,不像前台带有表演性质,幕后新闻往往更真实,更有故事性,也更能吸引人眼球。在作品《京剧抗癌》中,十几位身患癌症的京剧票友在北京梅兰芳大剧院演出,以鼓励癌症患者积极对抗癌症(见图5-6)。照片中的癌症患者在后台精神状态饱满,给人一种热爱生命的积极向上感。

图 5-6 《京剧抗癌》
赵青 摄 《中国青年报》

(五)路途之中

视觉新闻记者也可以选一个或一类被摄对象,对他们进行一段时间的跟踪采访或走访式调查。一路跟踪采访的优势就在于有充足的时间跟拍摄对象进行亲密接触,了解他们的性格特征、生活习惯、心理状态等,一方面可以获得他们的信任,让他们在镜头前将最真实的状态展现出来,另一方面也可以充分了解他们,拍出更真实的充满细节的照片。

2007年春运期间,《中国青年报》记者赵青一路从杭州跟随一批农民工坐火车回重庆,全程跟踪采访拍摄完成了《临客无贼》的专题片(见图5-7),照片真实还原了当代农民工返乡的现状,以及伴随着时代的进步,发生在他们身上的变化。

图 5-7 《临客无贼》
赵青 摄

第三节 非事件性视觉新闻文字说明的写作

知识要点

非事件性视觉新闻的文字说明。

非事件性视觉新闻文字说明的写作没有固定格式,主要作用是交代新闻图片的背景、事件走向,解释其中的含义,对照片中的内容进行补充说明,例如,图片中的人在干什么,为什么要这样做等。非事件性视觉新闻文字说明的写作要求简短又具有揭示性,能够充分发挥图文结合的作用,引发人们深思。

非事件性视觉新闻文字说明一般按照新闻的五要素来写,即时间、地点、人物、事件、起因,针对图片中需要理解的内容进行针对性的补充,加深受众对图片的理解。但依然要遵守新闻的客观性,介绍时要尽量客观公正,不要使用夸张和花哨的词汇。在具体的操作中,非事件性视觉新闻的文字说明要么是对照片的重点内容进行补充,要么是对图片里的特殊含义进行说明,以帮助受众更好地理解图片所要表达的含义。这就要求视觉新闻记者既有敏锐的新闻嗅觉,又有扎实的文字功底,紧紧扣住与图片密切相关的新闻要素来写。

2008年10月14日,一位催讨债务的男子在江龙集团销售办公室睡觉。受全球金融海啸影响,国内最大的印染企业江龙集团资金链断裂,企业老板出逃,大批债权人来到集团总部讨债。这幅《疲惫的讨债人》(见图5-8)获得经济及科技类新闻单幅金奖。该照片揭示了全球金融危机背景下,债权人的疲惫与无奈。

图 5-8 《疲惫的讨债人》
傅拥军 摄 《都市快报》

资源拓展

事件新闻具有很强的时效性,非事件性视觉新闻更多表现的是变化相对缓慢的事物,或者日常生活中相对轻松而有趣的一面。相对于一般新闻类图片表现题材的重要性、显著性、戏剧性,非事件性视觉新闻更多表现的是一种日常的平凡的普通生活片段。图5-9是浙江省台州市仙居县白塔镇的梯田,主要表现的是自然风光,相对来说时效性不强,相当长时间内都可以被媒体采用,因而是非事件性视觉新闻。

图 5-9　浙江省台州市仙居县白塔镇前塘村梯田景色美丽

华文武 摄　中国新闻网

本章回顾

本章着重介绍了非事件性视觉新闻的特点，其表现的是一段时间内的缓慢变化，需要结合一定的时机和由头，这类视觉新闻报道往往可以"以小见大"，体现出一定的深刻性和揭示性。

关键概念

非事件性视觉新闻

复习与思考

1. 非事件性视觉新闻拍摄时应注意什么？
2. 非事件性视觉新闻的文字说明需要注意哪些问题？

单元实训

1. 举例说明非事件性新闻照片使用的两种具体情况。
2. 收集非事件性视觉新闻，分析其拍摄要求和文字说明写作的特点。
3. 编辑整理前期拍摄的照片，找出非事件性视觉新闻，并为其编写文字说明。

视觉新闻专题报道　第六章

本章思维导图

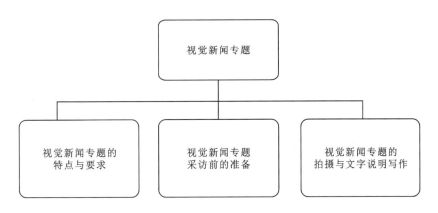

课前导读与体验

　　视觉新闻专题主要指围绕一个新闻主题进行内容叙事，将多幅视觉新闻图片与新闻文字叙事相结合，最终在大众传媒上进行内容传播。其中，这个新闻主题既可以是一个立场、观点或想法，也可以是一个人物、地点或事件，范围广泛，形式自定，但必须是以图文结合形式进行传播。

　　从历史上看，视觉新闻专题的概念由来已久，最早可追溯到20世纪20年代。在照相制版法出现前，不少摄影师已经定期定点地围绕某个主题，进行专门的摄影活动，挖掘摄影素材，成组拍摄照片，形成了专题摄影活动的雏形。虽然这种专门的摄影活动在某些层面上已经具备了专题摄影的特征，但因其主题呈现、表现手法或拍摄方式都无法达到今天的视觉新闻专题的标准，所以并不能称其为严格意义上的视觉新闻专题。到了20世纪20年代，小型相机的诞生、普及与流行，进一步丰富了画报的版式与内容。当时德国《慕尼黑画报》的总编辑史蒂芬·洛伦特（Stefan Lorant）面对日趋丰富的专题摄影活动，不断探索与总结专题摄影的表达方式与编辑手法、传播形式，不断规范新闻专题摄影的内容编辑、内容结构与主题呈现，专题摄影的基本特点与基本形式才被确定下来，发展至今。

小问答

1. 视觉新闻专题是什么？
2. 视觉新闻专题是怎样发展的？

第一节 视觉新闻专题的特点与要求

知识要点

1. 视觉新闻专题的基本概念；
2. 视觉新闻专题的主要特点；
3. 视觉新闻专题的分类。

一、视觉新闻专题的概念

在我国，视觉新闻专题被一些学者称为图片故事、图片文章或摄影专题等。这些不同名称所带来的不同释义倾向，值得我们进一步推敲。例如，图片故事更加强调用多幅图片表达故事发生的情节，因而不太适用于视觉新闻的语境。我们之所以使用"视觉新闻专题"，是为了强调视觉新闻报道过程的主题性、价值性、真实性与客观性，即围绕一个新闻主题进行内容叙事，将多幅视觉新闻图片与新闻文字叙事结合，最终在大众传媒上进行内容传播。其中，这个新闻主题范围广泛，形式自定，但必须是以图文结合的方式进行传播。

日本摄影评论家重森弘淹认为，视觉新闻专题的出现，打破了过去只能欣赏单张照片的惯例。视觉新闻专题可以将事实与复杂的侧面相结合，并在此基础上赋予深意。他认为，视觉新闻专题的编辑方式，也在一定程度上受到了电影剪辑方式（尤其是无声电影）的影响。电影蒙太奇手法的运用让电影以故事与艺术相结合的方式进行表达。从另一个层面看，视觉新闻专题也是利用这样的方法，从现实生活中进行素材提取、剪辑加工的。所以，重森弘淹认为，多幅照片的组合运用，不仅可以使静态的照片展开情节性叙事，而且由于画面产生的冲突性，产生了颠覆性的想象与观念。从这个角度看，视觉新闻专题无疑增强了视觉新闻的表现力，不仅给读者带来了更深层次的视觉体验，也让这一领域有越来越多的创作者参与。

总的来说，视觉新闻专题的出现进一步巩固了视觉新闻在大众传媒中的地位，并且它一一般是以深度报道形式出现的,为媒体用户提供了一种更全面、深入、完整、详尽的新闻报道体裁。

二、视觉新闻专题的特点与分类

(一)视觉新闻专题的特点

前面曾讲过,视觉新闻专题围绕一个新闻主题开展视觉新闻活动。从这个定义,我们可以看出视觉新闻专题具有四个特点。

第一,视觉新闻专题主要围绕一个主题展开,这个主题既可以是一个想法、观点或立场,也可以是一个人物、地点或事件,视觉新闻专题的主要呈现形式是图片,文字作为辅助叙事呈现。总的来说,视觉新闻专题以图文结合的方式展开内容叙事。

第二,视觉新闻专题的主要内容由一组照片呈现,并且这些照片需要有时间、空间或事件发展的逻辑性关系,让受众在阅读时,能够了解新闻事件的主要面貌。

第三,视觉新闻专题需要将图片与文字结合起来进行整体性传播。在传播的过程中,图片与文字缺一不可。图片主要进行可视化的呈现,而文字的主要目的在于更清楚地将事实表述出来,消除受众进行图片解读时语义上的不确定性。

第四,视觉新闻专题的呈现与传播,不仅是视觉新闻记者自身的工作,还关系到整个新闻编辑室业务的合作,包括图片编辑、平面设计、文字记者等。

从这些特点中,我们可以发现,视觉新闻专题与普通单张照片拍摄存在较大区别。从拍摄角度上看,视觉新闻专题不限于在单一的时空中进行简单的事件记录。在一些专题摄影活动中,视觉新闻记者在确定好主题后,往往会沿着这个主题引申出相关的新闻线索,进而完整地记录新闻事件,例如,事件关联方的生活环境、个人特性等。从编辑手法上看,照片的编辑与整合工作也比较考验新闻编辑的业务能力,例如,这组照片要用多少页码进行叙事,采用怎样的版式才能让这组照片的结构性、整体性或用户阅读性更好等,都是视觉新闻专题工作过程中必须考虑的问题,这也是其与普通单张照片的最大区别。

(二)视觉新闻专题的分类

视觉新闻专题是视觉新闻的重要组成部分,较之于单张图片,视觉新闻专题报道意涵更加全面深刻。在进行视觉新闻专题活动前,还需要以分类法的角度,理解视觉新闻专题的主要类别。按照题材内容的不同,视觉新闻专题可以分为多个类别。

第一,从新闻性的价值标准来看,可以分为社会民生、工业、"三农"(即农村农业农民)、体育、风貌等专题摄影。

第二,从故事性的价值标准来看,可以分为事件、人物、纪实或综合性的视觉新闻专题。

第三,从色彩来看,可以分为黑白专题内容或彩色专题内容。

需要注意的是,随着数字媒介技术的发展,这些分类有了融合性发展趋向。例如,一组视觉新闻专题中,可以既存在黑白与彩色照片相互组合的运用方式,也存在多种题材同时呈现的内容特征。

从辩证的角度看,无论是以什么样的价值标准来区分,视觉新闻专题都是一种观点的表达,都是为了更好地让创作者理解该以什么角度和思想进行视觉新闻专题创作活动。因而,在确定好主要类别后,就可以继续进行视觉新闻专题的准备工作了。

(三)视觉新闻专题的基本要求

视觉新闻专题是视觉新闻中较为普遍的一种报道体裁,它利用成组照片与文字相互结合的方式,多层次、多角度、多方面呈现新闻事件的发展过程。因此,无论是表达模式还是视觉体验,视觉新闻专题都要比单幅照片所表达的意义更完整深刻。把握视觉新闻专题的基本要求,是视觉新闻记者的必备专业素养之一。

第一,视觉新闻专题要求主题鲜明。专题报道是一种深度报道体裁,要把握深度报道的表达主线,视觉新闻记者首先要具备对新闻主题进行把握的能力。一般来讲,当新闻事件发生后,视觉新闻记者往往会从某个领域、角度或采取某种报道方式对该主题进行信息采集、内容编辑和内容分发工作。在这个过程中,只有把握好视觉新闻的主题,使其呈现出鲜明的特征,才有可能对视觉新闻专题活动进行全局性指导,让最终的报道图片与文字呈现出高度的一致性。总之,视觉新闻专题通过多幅照片来集中表达一个主题,并且通过这个主题来全面、深刻、简洁地反映新闻事件的来龙去脉。找准主题,将其鲜明呈现,不仅为视觉新闻专题活动做了全局性规划,也让受众能够从摄影作品内容中体会到新闻报道的深刻内涵。

第二,视觉新闻专题要以讲故事的方法进行叙事。对于视觉新闻专题来说,图片与文字具有相同的作用,即传递信息、再现事件。在确定主题后,视觉新闻记者需要选择合适的拍摄对象,还要权衡拍摄角度、拍摄方法和拍摄逻辑,以深刻表达新闻主题、阐释事件背景。所谓图片故事就是指一组以特定顺序排列,用来表达事件、情感或思想的发展进程的图片。美国《生活》的摄影编辑在确定专题图片的故事性时,提供了这样的思路,即图片可以用全景作为故事的开头,然后用中景或者一群人继续讲述,接下来用一个人或某个局部的近景特写来进行故事的细节描述,进而用具有典型意义的事件进行点题,最后从整体上梳理故事过程,并做好收尾工作。总之,以讲故事的方法进行叙事,强调视觉新闻专题中图片的内在关联不仅体现在对摄影对象的选择上,也体现在不同照片间逻辑的表现上。

第三,在视觉新闻专题的工作过程中要有全局性的、综合性的视角。在视觉新闻专题这样一种深度报道中,更要考虑新闻舆论导向。从这个角度来理解,视觉新闻专题并不是图片与文字简单叠加而成,还需要考虑图文如何搭配、如何准确表达的问题。对于有些新闻事件而言,单纯的图片信息并不能完全体现事件的全貌,受众对图片理解角度不同,往往也会产生不同的解读效果,所以,文字作为图片的辅助说明的作用就体现出来了。在视觉新闻专题活动中,为不同的照片加入适当、准确、鲜明的文字说明,可以保证新闻事件在传播的过程中,发挥记录时代精神、概括事件背景、讲述事件过程、交代事件逻辑关系的作用。

第二节 视觉新闻专题采访前的准备

知识要点

1. 选择新闻题材；
2. 寻找新闻角度；
3. 优化报道结构。

一、选择新闻题材

要让视觉新闻专题获得更多的社会关注，视觉新闻记者要具备选择新闻题材的能力。《中国青年报》的图片编辑柴继军结合实际工作经验谈到，《中国青年报》总会收到许多专题摄影作品，但这些投稿作品里有趣、新颖的题材不太多，造成了视觉新闻专题题材单一乏味的问题。例如，有许多关于农村戏班、杂技表演、社会边缘人物的专题，但真正能够吸引社会大众兴趣的题材太少。这种情况除了题材单一、对社会生活反映不深入等常见原因，还有以下几个原因。

第一，忽视社会发展规律，题材内容缺少时代特征。优秀题材的作品总是与当前时代精神与社会发展特征高度关联，是依据历史环境与历史条件产生的。有的作品尽管反映了一些社会历史特征，但严重脱离当时社会主流价值观。例如，早期进入中国摄影视野的尤金·史密斯拍摄了不少中国社会边缘人物生活的纪实性摄影作品（如《乡村医生》《助产士》等），并获得了许多国际性大奖。许多人误以为追逐拍摄类似题材，拍摄社会边缘事物，反映社会边缘生活状态，就能获得相同的成就。这其实是没有正确把握社会发展规律，没有用作品体现社会时代特征的落伍表现。我们如果仔细分析每一年中国新闻奖摄影单元的优秀作品就会发现，它们脱颖而出的最主要原因，不仅在于忠实地记录社会时事，还在于用独特的视角来把握社会发展规律。

第二，缺乏对社会发展必要的敏感力、洞察力与想象力。要解决这个问题，最好的办法就是倾听读者用户的声音，力求将视觉新闻作品贴近实际、贴近生活、贴近群众，只有将读者用户渴望的内容挖掘出来，才能有新鲜题材的策划路径，视觉新闻专题才会有主题方向。简单来说，视觉新闻记者只有多观察生活、体验生活，才能培养敏感力、洞察力和想象力，寻找到合适的、新鲜的题材。

第三，作品选题千篇一律，缺乏独立思考能力。如果视觉新闻记者急功近利地完成作品拍摄，那么他一定创作不出优秀的作品，因为这样的作品几乎没有洞察社会的敏锐力。视觉新闻记者拍摄视觉新闻专题作品，不能坐在办公室里人云亦云，应该主动去实地走走看看，对周围的人和事进行观察，从社会观察者的视角去捕捉新鲜事。只有脚踏实地地做"田野工作"，才能够拥有属于自己的独立思考，这样至少作品的选题不会千篇一律了。

我们要认识到，为视觉新闻专题选择合适的题材，对确定拍摄对象、拍摄手法和照片组合顺序的安排起着至关重要的作用。一名合格的视觉新闻记者，需要具备从众多新闻事件中筛选信息、发掘新闻价值的能力。为了具备这样的能力，保证选题的准确性，视觉新闻记者不仅要对中央和地方政府的政治、经济、文体等工作重点有足够深入的认识，还要对社会民生情况、社会热点问题有足够的观察与了解。

具体地说，视觉新闻专题题材的选择应该遵循这样的原则。

第一，以新闻时效性为第一出发点。从时效性出发可以确定采编的新闻是否具有新鲜性，是否属于政治、经济、文体等类重大题材，是否属于媒体独家报道，以及视觉新闻专题制作难度等信息，从而进一步判断专题能否贴近时代、满足社会需求。

第二，以新闻真实性为贯穿始终的基本原则。视觉新闻记者要坚持基本职业操守，在采集与记录新闻事件的过程中，保证摄影图片的来源真实、信息真实和本质真实，坚决避免用假新闻、假图片来吸引用户注意力。

第三，以保证画面形象性为创作导向。视觉新闻记者只有生动形象地记录新闻事实，才能充分发挥视觉新闻视觉语言的功能，画面的表现性才能得到足够的保证。所以，选择合适的视觉新闻专题题材、确定好视觉新闻主题，才能进一步保证图片的新闻性、真实性、形象性，从而为后续环节的开展奠定基础。

二、寻找新闻角度

新闻角度是视觉新闻专题成败的关键。当前市面上许多视觉新闻专题作品失败的重要原因，就是视觉新闻记者还没有思考如何选择合适的新闻角度，就匆忙开始摄影创作活动。所以，要想拍摄出优秀的视觉新闻专题作品，必须在一开始就对这个题材所延伸出的社会背景、生活环境和历史条件进行仔细深入的研究，这样才能找到合适的视觉新闻作品创作的切入点。

寻找合适的视觉新闻专题角度，可以从以下几点入手：第一，重视拍摄前期的素材积累，它可以给视觉新闻记者带来更多的创作导向方面的可能；第二，充分了解与拍摄对象相关的历史、文献和图文记录资料，只有深入了解这些信息，才能充分发掘并提炼新闻专题作品的价值性和意义性；第三，认真思考并追求作品深度，学会做"减法"，许多视觉新闻记者的专题作品虽然反映了拍摄对象生活的方方面面，也做了充足的内容叙事，但因为"贪大求全"，内容叙事主线不清，导致信息传达的深度欠缺。

总的来讲,寻找合适的新闻角度是视觉新闻专题制作的必要环节。在创作之初,视觉新闻记者可以在策划时列出一些可以选择的新闻角度,并尝试从不同的角度切入进行视觉新闻专题报道,而这个角度就是整个创作活动的第一步,之后所有的拍摄活动都应该以此为基础。如果不遵循这个原则,叙事主线就会不稳定,进而导致整个作品创作导向模糊。所以,视觉新闻记者一定要慎重选择新闻角度,在多尝试的基础上,根据期望的发稿媒体的需求,结合影像表现力,考虑视觉新闻专题的价值选择。

三、优化报道结构

确定视觉新闻专题的题材和角度后,就进入拍摄现场的结构设计步骤了。专题摄影的结构方式,即专题摄影构成的逻辑方式。对于视觉新闻专题来说,如何将一组图片组织起来,是专题成型的重要环节。因为专题摄影不同于组照的一个重要特征,就是构成专题摄影的照片要呈现出高度的关联性、结构性与整体性。

所以,在拍摄记录的过程中,视觉新闻记者并不需要做到拍摄层面上的面面俱到,而是要以合适的报道主题、恰到好处的新闻角度为出发点,结合所整理的素材资料,确定视觉新闻专题的主要内容。视觉新闻专题图片的结构方式主要有以下几种。

第一,平行并列的结构方式,即围绕一个主题,平行地呈现其在不同空间或时间里的面貌。主题既可确定为一个具体的事物,又可以确定为某种抽象的情感。但是这样的报道中,内在力量和情感在平行并列结构的作用下,往往容易呈现一种分散的状态,专题叙事主线很容易形成一种割裂感。所以,选择平行并列的结构方式时,在报道上必须有一种情感贯穿始终,这样专题才不会显得杂乱。

第二,以主题为中心展开的结构方式。这是视觉新闻记者在拍摄过程中使用最多的一种方式。确定了主题后,就需要围绕这个主题,寻找相关线索,采取多种角度,展开呈现拍摄对象的多个层面。但需要注意的是,视觉新闻记者要避免采集过多主题之外的信息,或者重复的事实信息,否则整个专题内容会变得冗杂,最终导致主题表现力大大减弱。

第三,按照事件发生的时间逻辑进行的结构方式。这也是视觉新闻记者常用的结构方式。这样的结构方式简洁严谨,画面整体性强,具体表现特征为:专题从一个清楚明晰的事件开始,再呈现其发展过程、发展高潮,直至事件结束。但需要注意的是,采用这样的结构方式,视觉新闻记者首先要有足够强的新闻敏感力,要善于发现蛛丝马迹;其次要保持高度专一的状态,在拍摄过程中全神贯注;最后要有足够的精力跟踪事件的进展。

总之,无论采取什么样的结构方式,视觉新闻专题活动的最终目的,就是把采集到的多而杂的照片组合成系列作品,以达到服务新闻主题、服务社会大众的目的。我们可以发现,优秀的视觉新闻专题作品表现流畅自然,表达主题鲜明集中,画面内容与画面组合具有较好的结构性与整体性。这就是视觉新闻记者在进行视觉新闻专题创作时,合理用眼、用脑、用心的表现,这种精神逐渐也成为视觉新闻专题的灵魂。

第三节 视觉新闻专题的拍摄

知识要点

1. 时间与空间的处理；
2. 摄影景别的处理；
3. 视觉新闻专题拍摄的基本要求。

一、拍摄深度的关键：时空处理

妥善进行时间与空间的处理，是视觉新闻专题深度的重要标志。因为视觉新闻专题作品的素材大部分来自我们社会日常与具体的生活行为，以碎片化、片段式的图片形式呈现，而这种呈现又是由时间和空间构成的。优秀的视觉新闻专题作品一般都有强烈的时空感，每张照片不仅有丰富的意涵，彼此之间有紧密的联系，高度还原生活面貌，也在传达这个社会的时代精神。

把握好了时间的变化，也就把握好了视觉新闻专题的历史性、内容深度与趣味程度。具体来讲，在一组视觉新闻专题作品中，不同的照片可以呈现出时间上的逻辑顺序，较为完整地呈现事件的内容层次，进而揭示整个事件的进程。一组优秀的视觉新闻专题作品，必然能够清晰地体现其时间上的变化。

如果视觉新闻记者在视觉新闻专题作品上无法体现出这种时间上的变化，就说明他对于时间变化的把握程度还不够。换句话说，视觉新闻记者进入专题摄影的时间不够长、不够深入，没有对拍摄对象进行长久跟踪，导致最终作品无法很好地体现出作品时间的跨度。所以，要想把握好时间的变化，一方面视觉新闻记者要有足够强的现场机动性与对新闻事实的敏感性，要快速思考如何利用有限的时空条件来反映事实；另一方面，视觉新闻记者要有足够强的手力与腿力，因为专题涉及的空间越多，就意味着现场摄影的地方越多，也就需要其耗费更多的体力与精力来完成。

腾讯新闻推出的"中国人的一天"专栏，就很好地体现了视觉新闻专题的时间变化，它通过网友对社会平凡人物的观察与记录，把中国不同阶层、不同职业的人们的生存现状与生活百态真实地呈现出来，用独特的视角浓缩中国社会的面貌。如图6-1所示的《了不起的妈妈：三位妈妈的自由之路》直击当代妈妈教育焦虑，关注女性自我成长。在这个专栏中，不仅有淘宝卖家、奋斗中的年轻人，也有深山之中的百岁老人、流落街头的拾荒者、省吃俭用的小商贩等，满足读者的怀旧情绪与好奇心理，让人回味无穷。

图 6-1 《了不起的妈妈：三位妈妈的自由之路》

二、拍摄结构的关键：景别处理

在日常进行视觉新闻专题活动时，视觉新闻记者一般会遇到这样的问题：为什么拍的照片看起来单调乏味又让人感觉凌乱？这往往是由于景别处理不到位。如果一组照片全部采用一种景别，就容易显得单调且杂乱，因为它们以相似的手法进行记录，单一且空洞的景别，让事实不容易被完整地阐述出来。

例如，有视觉新闻记者拍摄一个小镇风貌，他并没有用全景镜头拍摄小镇的全貌，而是用一些小镜头去拍摄路边的花草、街上的行人、个别的生活物品和街头小景，然后将这组照片命名为"人文小镇"。其实这种作品并不能代表整个小镇的特点，也无法具体将小镇的特色呈现出来，读者在看的时候也会云里雾里。

优秀的视觉新闻记者往往会充分利用现场环境、摄影器材和其他辅助性的方法来记录生活与事实，他们不仅会使用顺光、逆光和剪映，还会从正面、侧面、背面等角度进行记录。有的时候，为了更好地进行专题摄影活动，视觉新闻记者甚至会蹲下来、爬上去，以多角度、多层次、高难度的方法利用摄影语言来突出专题的主题。

2021 年 7 月下旬，河南省多地持续遭遇极端强降雨，郑州、新乡、开封、周口、洛阳等地部分地区日雨量突破有气象记录以来的历史极值。灾情发生后，《光明日报》记者季春红从日照火速前往郑州、新乡等地参加抗洪抢险报道任务，拍摄了一组名为《奋战在抗洪第一线》的视觉新闻专题（见图 6-2 至图 6-7）。该作品选题深刻，利用了朴实无华的镜头语言与恰到好处的情感张力，使得画面不仅丰富立体，突出了该有的新闻价值特性，还强烈反映了新时代人民子弟兵用使命担当书写"人民至上"答卷的面貌。

视觉新闻记者用细致入微的观察和决定性的快门瞬间，从多角度生动反映新时代人民子弟兵听党话、跟党走、能打仗、打胜仗的精神。《光明日报》视觉新闻专题《奋战在抗洪第一线》记录了河南卫辉泥泞的抗洪大堤上，战士们口含藿香正气水，手过头顶合力托举铁丝网，封紧装满石头的工程运输车，为整车填埋决堤口推进大堤合拢争取时间的瞬间。同时，从空中视角展现了官兵们前拉后推冲锋舟，从齐腰深涉水区域一步一步蹚水转移受灾群众的场景。组照中有大场景的记录，有中近景的定格，有人物眼神、动作的细节，成为组照作品中的典范。所以这组专题作品最后荣获第三十二届中国新闻奖二等奖。

图 6-2 《奋战在抗洪第一线》(组图之一)
季春红 摄

图 6-3 《奋战在抗洪第一线》(组图之二)
季春红 摄

图 6-4 《奋战在抗洪第一线》(组图之三)
季春红 摄

第六章 视觉新闻专题报道 87

图 6-5 《奋战在抗洪第一线》(组图之四)
季春红 摄

图 6-6 《奋战在抗洪第一线》(组图之五)
季春红 摄

图 6-7 《奋战在抗洪第一线》(组图之六)
季春红 摄

从这组照片中我们可以发现，要拍好一组视觉新闻专题作品，通常需要多角度、多层次、多维度地记录事实。要想成为一名合格的视觉新闻记者，在景别的处理上，至少要做到以下八个方面。

第一，利用全景模式对主题进行介绍，例如用广角或者站在较高的位置全景式记录事件现场的全貌。

第二，利用中景对一个群体或者一些事件活动进行捕捉。

第三，将镜头聚焦于主题对象的某个元素或某个方面，利用近景记录人物、事件或地貌的细节。

第四，适当使用肖像特写。保持新闻敏感性，在目标人物表情丰富、情感高潮或正处于其日常生活环境的时候，快速捕捉。

第五，合理记录能够体现人际关系的时刻，例如目标人物正在交流的时候，或者处在能够反映彼此关系的状态时。

第六，时刻准备进行典型的瞬间捕捉，这种瞬间的典型性一般体现在照片内容是否能够突出主题、是否包含专题规定的内容要素，这样的照片往往能够成为整组摄影作品的亮点。

第七，记录事件发生的完整过程，包括事件的开始、发展、结束，照片彼此有联系性、时间逻辑性和比较性。这样的一组照片往往能够给人一种事件正在动态发展的感觉。

第八，具有结论性的照片，突出事件的结果导向，清晰地告诉读者事件最终的结局如何。

合理运用这八个要点，可以让视觉新闻记者的作品有更多的创造力与想象力，但需要注意的是，并不是每一组照片都必须遵循这样的"图像八股"规则。真正优秀的视觉新闻专题，往往是在遵循摄影基本法则的前提下，进一步尝试如何增强作品的创造性与延展性，即如何合理地理解并运用这些技巧。

三、视觉新闻专题拍摄的基本要求

为了让视觉新闻专题更有质量、有深度，除了恰当地处理时空与景别外，还有一些关键问题需要把握，总结起来，有以下四点。

第一，拍摄角度合理，主题明确。视觉新闻专题由多张照片构成，这些照片要有整体性、结构性和统一性，其中的关键在于它们是否围绕一个明确的主题记录事实。具体来看，就是所有的照片和文字是否都围绕这个主题展开。明确主题，进行事实记录时，要选取一个合适的新闻角度，也就是说，视觉新闻记者在面对繁杂的现场，对内容进行选择与记录时，要做到有取舍、有研究、有价值，保证所拍摄的内容具有特殊性，能够反映事实的面貌，具有正向的情感能量。总的来说，要想做到这一点，视觉新闻记者需要从读者用户的角度思考如何拍摄，以及以一个怎样的模式给用户讲好新闻故事。

第二，深入研究主题，融入情感记录。深入研究主题即视觉新闻记者在记录事实前，需要对相关的主题背景、原因和人物做充足的调查与研究，只有掌握足够多的信息，才能对主题有更全面的了解，进而保证视觉新闻专题的准确性。融入情感记录是指视觉新闻记者不仅要投入大量的时间与精力对专题进行跟踪采访,还需要在时间与空间的维度上让作品更有延展性,同时还需要在拍摄时投入足够的情感,力求让自己与拍摄对象达成共识。

第三,呈现形式多元,内容结构统一。视觉新闻记者需要利用多角度、多景别、多层次的形式,以一个核心点来记录事件发展的过程,让整个专题的内容丰富、有深度、整体感强。

第四,注重图文结合,合理发挥作用。视觉新闻记者应当重视文字说明的重要性,文字说明既有准确传达照片意涵的补充作用,也有避免读者误读单张照片的作用。在拍摄完照片后,需要及时为照片标注一段文字说明,这样可以使视觉新闻专题的表述更准确、更完整。

第四节 视觉新闻专题的文字说明写作

知识要点

1. 文字说明的作用;
2. 文字说明的基本要求。

一、文字说明的作用

文字说明是视觉新闻专题的重要组成部分,主要以总说明和分说明两种形式呈现。总说明并没有固定的格式,一般是交代事件背景、事件走向或拍摄者对主题的阐释。分说明主要以一段简短文字传达信息,对图片进行深入解读与补充。

文字说明应该合理利用新闻五要素对事实进行补充强调,例如,介绍这是什么内容,事件的背景是怎样的,是否有相关的数据支撑,照片里的人物正在做什么,为什么要记录这样的场景等。如果能在文字说明中讲清楚这些问题,毫无疑问会增强照片所传递的能量。

下面以中国新闻社2020年4月16日《贵州山区"带货慢火车"重现繁忙》部分为例进行说明(见图6-8)。

4月16日，在开往重庆的5630次列车上，菜农在整理蔬菜。瞿宏伦 摄

4月16日，贵州桐梓火车站，列车员帮助到站菜农下车。瞿宏伦 摄

图6-8 《贵州山区"带货慢火车"重现繁忙》文字说明

  往返于贵州省遵义市与重庆市的5630/5629次普速列车全程312公里，行驶10多个小时，是人们常说的"绿皮火车"，最高票价23.5元，区间内最低票价2元，列车穿行于山区，沿线25个站连通很多村寨，目前仍是当地群众赶集、购物的重要交通工具。受疫情影响，旅客虽然少了，但没有停运。获悉该情况后，记者和铁路部门沟通联系并进行了采访。由于乘坐这趟列车的菜农集中在贵州境内的部分站点，在采访时间有限的前提下，记者拍摄了菜农上下车以及在列车上交易的场景。

  报道的时间节点和文字说明提示了事件发生的主要背景：国内疫情防控形势持续向好，列车逐渐恢复往日的繁忙。

  摄影作品呈现的是贵州遵义开往重庆的"绿皮火车"普速列车的点点滴滴，镜头里是"带货慢火车"的繁忙以及菜农的忙碌的身影，在更深层次阐释的是疫情好转下遵义老百姓美好生活的重启。作品对"带货慢火车"以及菜农的观察非常细腻，捕捉能力强。列车员帮助到站菜农下车的瞬间无比亲切、温馨，这让观众感到因为扶贫攻坚这一伟大决策，人们对未来生活充满希望。

  在视觉新闻专题中一定要注意，专题的文字说明不能以"图解照片"的方式呈现，图片与文字的关系是相互依存、相互补充的，尤金·史密斯曾说过，文字说明应当给读者带来想象。

它非常重要,因为有的事我们可以用语言表达,却无法用画面表达。所以,把图片和文字结合在一起共同传达信息,正是视觉新闻专题的魅力所在,如果忽视二者之间的关系,那么视觉新闻专题就会缺失完整性。

二、文字说明的基本要求

视觉新闻专题文字说明一般按照新闻消息的"五要素"编写,包括时间、地点、人物、事件、起因(结果),同时要注意简短、直接、明了、具体,一般不超过300字。在具体的写作中,文字说明必须标明图片中每个重要人物的身份信息,但介绍时尽量客观陈述,避免使用冗杂的形容词、俚语和花哨的词句。

在具体结构上,视觉新闻专题文字说明一般包括标题和正文两部分。目前大部分报刊上刊登的新闻照片,不会冠以标题,而是以直接叙述新闻具体内容的方式来呈现。在文字说明的写作中,要尽可能涵盖新闻背景、发展过程、因果关系等新闻要素,在实际操作中,文字说明的写作既要尽可能全面、详尽地向读者传达与照片有关的新闻信息,又要受篇幅的限制,这就要求视觉新闻记者既有敏锐的新闻嗅觉,又有扎实的文字功底,紧紧扣住与照片密切相关的新闻要素来写。

在叙事方法上,视觉新闻专题文字说明主要有叙述式说明、渲染式说明、设问式说明等多种方式。叙述式说明就是直接说事;渲染式说明就是具有一定的抒情色彩;设问式说明就是用提问的方式,表达对图片主题的赞美、针砭或质疑。

在内容上,视觉新闻专题文字说明主要分为补充式和点睛式。补充式就是重点将总说明文字或者图片中没有提到的,或没有拍到的信息写出来。点睛式则是简单地提出新闻主题的核心意思。文字说明一定要简洁。因为视觉新闻文字说明的最大特点不在多而在精,要用简练的语言表达新闻事件的全部内容,这是由摄影的直观性决定的。当然,在准确表达新闻事件的同时要力求生动。

下面以《湖南日报》2020年7月9日头版《跃·悦》为例进行说明(见图6-9)。

7月8日,长沙市第一中学考点,高考最后一门考试结束后,考生罗子欣跨出一个漂亮的"一字马",庆祝考试结束。辜鹏博 摄

图6-9 《跃·悦》文字说明

这张视觉新闻专题作品具有强烈的视觉冲击力,画面干净利落,信息丰富,所有人物都有合理、充分的表现,烘托了气氛。

　　该作品现场气氛喜悦、律动,洋溢青春气息。瞬间抓取得当、动感强烈,把疫情之下的别样高考胜利结束表达得淋漓尽致。图片配以说明文字,让读者观看后更能领会"空中一字马"考生这个主体人物激动开心到劈叉、"一马当先"冲出考场的超常举动。其他飞奔到校门口的考生的兴奋喜悦和激动也都定格在这疫情之下的特别高考的特别瞬间。

本章回顾

　　视觉新闻专题是深度报道的一种体裁。本章着重介绍了视觉新闻专题的内涵、发展历史、基本特点和基本要求,并且介绍了视觉新闻专题采访准备的基本步骤、拍摄的基本方法与要求以及文字说明的重要性和基本要求。总的来说,贯穿视觉新闻专题始终的理论要点是主题鲜明、图文结合和以讲故事的方式叙述新闻。

关键概念

　　视觉新闻专题　文字说明

复习与思考

1. 什么是视觉新闻专题?
2. 视觉新闻专题有哪些特点?
3. 视觉新闻专题有哪些类别?
4. 如何进行视觉新闻专题报道?
5. 视觉新闻专题的文字说明写作的基本要求是怎样的?

单元实训

1. 以2022年卡塔尔世界杯为例,尝试分析新华社视觉新闻专题和中国体育报社视觉新闻专题的异同。
2. 根据下面的案例分析视觉新闻专题与传统新闻专题相比具有哪些优势。

　　2022年第四季度,各区融媒体中心一方面坚持围绕主题主线任务发力发声,为党的二十大营造良好的舆论氛围;另一方面始终践行"三贴近"原则,持续挖掘报道各区暖民心、解民忧的典型事迹,真实生动地记录首都基层治理成效。其间,昌平区融媒体中心策划推出的《非凡十年·一个大型社区的逆袭》以四个真实场景为落脚点,生动展现了"蝶变"后"出行便捷、生活便利、环境优美、温暖舒心"的活力宜居回天新城。

体育视觉新闻报道　第七章

本章思维导图

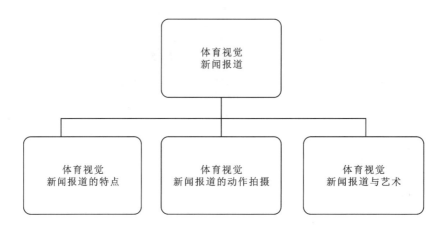

课前导读与体验

　　与其他视觉新闻报道一样,体育视觉新闻报道也具有新鲜性、时效性、趣味性等新闻价值特点,它以无声的画面锁定典型瞬间过程,让观众回味无穷。当前,在我国体育新闻报道中,通过摄影图片的方式报道新闻已经常态化。而在体育新闻现场中,体育视觉新闻记者需要对目标对象进行一定程度的体育新闻价值判断,以创作出较好的体育新闻报道。只有对视觉新闻题材大胆创新,在表现形式上大胆突破,才能起到良好的传播效果。

小问答

1. 体育视觉新闻报道是什么?
2. 如何进行体育视觉新闻报道?

第一节 体育视觉新闻报道的特点

知识要点

1. 体育视觉新闻报道的主要特点；
2. 体育视觉新闻报道的价值判断。

一、体育视觉新闻报道的主要特点

体育视觉新闻报道是一种用摄影手段聚焦于体育领域的新闻报道体裁，是体育新闻的一个分支。体育视觉新闻的目标，主要是用图文结合的形式，对新近发生的、大众关心的、有价值的体育赛事或体育活动进行报道。体育视觉新闻报道要求体育视觉新闻记者具有一定的职业素养、思维观念和主观能动性，即在体育新闻现场认真观察客观事实，呈现有新闻价值的体育新闻报道，向读者呈现能直接反映体育赛事现场情况和有意义的相关照片。总的来说，体育视觉新闻要求体育视觉新闻记者把握典型瞬间，运用艺术性的创作手法，实现报道内容与形式的高度统一。

体育视觉新闻报道的主要特点在于这种报道体裁能够创造性地记录真实又动感的体育现场画面，这不仅体现了体育视觉新闻记者对现场摄影的判断力，也体现了体育视觉新闻记者对新闻题材选择、主题构思、表现形式、内容取舍等多个层面进行把控的能力，即对社会价值、新闻价值选择的把握能力。宏观层面上看，体育视觉新闻报道的特点主要表现在以下五个方面。

第一，体育视觉新闻报道依赖于体育新闻记者对客观体育时事赛事的价值判断能力。能否构成体育视觉新闻报道，主要依据体育视觉新闻记者结合体育新闻事实的价值、运动的真实性、运动素材等对体育新闻事实进行的价值判断。

第二，体育视觉新闻报道是视觉新闻报道领域最难的一类题材，具有许多不可预知的因素存在，同时在报道中还需要广泛运用拍摄技巧。体育摄影是一种典型的动体摄影，在一场体育赛事中摄影师通常不能事先预判、计划和设想体育画面，真实的情况、经典的瞬间往往又稍纵即逝，所以非常考验体育视觉新闻记者的价值判断与实际摄影的能力。

第三，体育视觉新闻报道是一种有着特殊创作规律的报道活动。在拍摄前，体育视觉新闻记者需要考虑新闻题材选择的问题，并且需要对题材的含义、种类等信息有充足的认识，否则就会出现方向不准、内容不稳、素材杂乱的情况，甚至导致作品创作失败。同时，拍摄记录的过程中，体育视觉新闻记者还需要根据现场动态发展的情况，围绕主题进行延展，不断跟踪挖掘新的有新闻价值的素材内容。在记录过程结束后,体育视觉新闻记者还需要从采集的素材中,继续提炼有报道价值的材料,从而形成最终的新闻作品。

第四,体育视觉新闻报道的艺术性不能脱离体育新闻的真实性与客观性。体育视觉新闻报道是体育新闻报道的一个分支,同属新闻报道领域。也就是说,体育视觉新闻报道既需要遵循新闻传播规律,表现体育新闻发生的原因、过程和结果,也需要按照真实、客观、公正、全面的标准向社会公众进行新闻报道。如果体育视觉新闻报道脱离了真实性与客观性,那么就会给读者带来一种不确定、不稳定、不可信的感觉,不仅会让体育视觉新闻丧失应有的表现力,也会使报道媒体丧失公信力。如有艺术性要求,体育视觉新闻记者不能为了艺术形象脱离新闻原有的真实性与客观性原则,而是要基于新闻传播规律的基本准则,立足于真实客观的原则基础,进行合情合理的艺术化加工,以真实表现体育社会生活。

第五,体育视觉新闻报道具有视觉形象性。体育视觉新闻报道是一种以照片为主的独立报道形式,既可以表现出"一图胜千言"的视觉艺术价值效果,也可以记录体育赛事的精彩瞬间,例如比赛的转折点、决赛胜负的瞬间、赛事选手的突发状况等。在体育赛事进行的过程中,身经百战的体育视觉新闻记者往往处于一种高度紧张的状态,因为运动员脸上的表情往往会成为整场赛事的亮点,所以他们不仅会边观察边思考、紧紧抓住摄影镜头不放,也会用心捕捉比赛结束哨音响起时不同运动员可能发生的运动镜头。这种精彩的镜头无疑会加深该报道的视觉形象性。

二、体育视觉新闻报道的价值判断

在体育新闻现场,体育视觉新闻记者需要对目标对象进行一定程度的体育新闻价值判断,以创作出较好的体育新闻报道。只有对视觉新闻题材进行大胆创新,对表现形式进行大胆突破,才能产出具有良好传播效果的新闻报道。

在这种情况下,新鲜性、真实性、客观性、活泼性、意义性和情感性成为衡量体育视觉新闻报道是否好看、是否有价值、是否有创新的标准。对于体育视觉新闻记者来说,要提高体育新闻价值判断能力,可以从以下四个方面入手。

第一,体育视觉新闻报道要"新"。"新"即内容新鲜、有新意。体育视觉新闻记者记录体育新闻素材时,不仅要内容新鲜,选材上也要有新鲜感。只有照片有足够的视觉冲击力和新鲜感,才能迅速吸引读者的注意力。同时,体育视觉新闻记者还需要以再创作手法,在表现形式和摄影主题上体现出"新",照片内容有了新的立意,才能在众多作品中脱颖而出,感动读者,发挥体育摄影宣传作用。

第二,体育视觉新闻报道要"真"。"真"即新闻具有真实性与客观性。对于体育视觉新闻报道而言,体育视觉新闻记者不仅要在内容上还原真实现场、真实过程,还需要捕捉真实瞬间、真实动景。体育视觉新闻报道不容许以任何技术性手段弄虚作假,如摆拍、夸张修图、"移花接木"等,这样会使体育视觉新闻报道失去意义。

第三,体育视觉新闻报道要"动"。体育视觉新闻记者要利用一定的摄影技巧,选取合适的角度和位置,抓住情景,突出主题,增强体育照片的氛围感,进一步吸引读者的注意力。越是有"动感"特点的照片,越能增强体育视觉新闻报道的吸引力。

第四,体育视觉新闻报道要有"意"。"意"主要有两层含义:一是指内容的选取要有意境,即体育视觉新闻记者通过摄影镜头,能向读者传递一种意境,进而感染读者,引起深思;二是指内容的呈现要有意思、有情感,即体育视觉新闻记者通过思考与瞬间判断,利用摄影镜头捕捉体育赛事和目标人物的精彩瞬间,一个运动员出其不意的表情呈现,往往能够引起读者的热议。

总的来说,体育视觉新闻记者对体育视觉新闻报道的价值判断与内容选取,决定了整个体育视觉新闻报道的质量。只有在体育摄影中做到了以上四点,体育视觉新闻水平才能有真正意义上的提升,所拍摄出来的体育新闻图片才能够脱颖而出。

第二节　体育视觉新闻报道的动作拍摄

知识要点

1. 体育摄影表现特点;
2. 体育视觉新闻的拍摄方法。

一、理解体育摄影表现特点

动体摄影对体育视觉新闻记者的摄影技术要求极高,其不仅要熟练掌握摄像机的操作技巧,在出色瞬间出现的时候,还要能自如应对不同环境,迅速观赛场、做判断、按快门。为了完整记录瞬息万变的赛事,更好地进行现场拍摄,体育视觉新闻记者必须理解各种场合下的瞬间表现、真实表现和情感表现。

第一,体育视觉新闻记者要理解瞬间表现。体育视觉新闻报道内容源于真实的体育赛事现场和现实的社会生活。一般情况下,体育视觉新闻记者无法预判体育新闻事件过程中会有什么事情发生,所以应该有快速判断客观现场发展的能力,要尊重客观实际,在关键时刻按下快门。

2022年12月23日,国际足联公布了2022年卡塔尔世界杯最佳进球,在小组赛巴西对阵塞尔维亚的比赛中,巴西队9号前锋理查利森打入的精彩倒钩获此殊荣。在这则体育视觉新闻报道中,中国新闻网视觉新闻记者刘占崑捕捉到了运动员理查利森接到运动员维尼修斯左路传中的停球(见图7-1),恰到好处地将足球起到半空,随即转身腾空、完美、精准、有力地踢出一记倒钩凌空射门。刘占崑就是在瞬息万变的精彩时刻,发挥了临场新闻价值快速判断能力,捕捉到了2022年卡塔尔世界杯精彩瞬间。

图 7-1 《理查利森的倒钩破门当选卡塔尔世界杯最佳进球》

刘占崑 摄

第二,体育视觉新闻记者要理解真实表现。体育视觉新闻题材的主要获取方式是体育视觉新闻记者自己去发现和挖掘新闻题材,并且所取得的素材要最大限度地接近真实,充分展现体育赛事过程的现场感。这不仅是体育视觉新闻报道的基本要求,也是体育视觉新闻记者的最高原则。因此,体育视觉新闻的画面,要最大限度地接近真实,将体育新闻的现场感表现得淋漓尽致。这就要求体育视觉新闻记者用眼睛和手中的摄像机去发现、记录、揭示事物的本质,发现新闻线索、挖掘新闻价值、传递新闻信息、揭示新闻本质。

从这个角度来看,体育视觉新闻记者必须亲自到现场去发掘新闻线索。卡塔尔当地时间 2022 年 12 月 10 日,在摩洛哥队击败葡萄牙队晋级 4 强赛后,球员抛起主教练雷格拉吉庆祝时,新华社体育视觉新闻记者肖艺九果断按下快门,记录了这个精彩的瞬间(见图 7-2)。该照片呈现的意义非常丰富,不仅动态记录了真实的现场,还将创造历史的摩洛哥足球队和非洲足球的荣耀时刻真实地记录了下来。

图 7-2 《摩洛哥队球员抛起主教练雷格拉吉庆祝》

肖艺九 摄

第三,体育视觉新闻记者要理解情感表现。体育新闻的主要拍摄目标是运动员,他们是一个个饱含情感的新闻人物,所以在拍摄的时候,除了记录他们的矫健身姿之外,还要认真记录比赛前、比赛时和比赛后的不同表现。那些带着喜怒哀乐、个性鲜明、真实流露运动员情绪的视觉新闻作品,最能打动读者的心。所以,体育视觉新闻记者要用心捕捉运动员随时可能发生的表情动作,这不仅考验着体育视觉新闻记者扎实的抓拍功夫,也考验着体育视觉新闻记者对体育赛事高潮规律的把握。在体育赛事进入白热化阶段时,运动员的注意力通常会高度集中,在激烈拼抢和相持阶段,他们会流露出或喜或恼、或怨或恨的神情。对于体育视觉新闻记者而言,此刻就是一个捕捉运动员情感的良好时机——立刻按下快门,记录这种典型瞬间。

卡塔尔当地时间 2022 年 12 月 10 日,在 1/4 决赛葡萄牙队以 0∶1 爆冷不敌摩洛哥队惨遭淘汰后,37 岁的 C 罗瘫坐在球场。随后他在社交媒体发文写道,为葡萄牙队赢得世界杯冠军是其职业生涯中最大、最雄心勃勃的梦想,他一直为此而战,不幸的是,"梦想结束了"。肖艺九在合适的位置、选取了恰好的角度,拍下了赛场上的这一幕(见图 7-3)。这张照片不仅反映了球员 C 罗当时的心境情绪,也体现出"世界杯既是新星的秀场也是老将告别的舞台"这一体育赛事进程的发展规律。

图 7-3　2022 年卡塔尔世界杯中葡萄牙队在与摩洛哥队的 1/4 决赛中惨遭淘汰,
球员 C 罗瘫坐在赛场中
肖艺九 摄

二、体育视觉新闻报道的拍摄方法

优秀的体育视觉新闻作品,总会给人留下印象深刻的典型瞬间,这背后也体现出视觉新闻记者所具备的扎实的摄影基本功底、非比寻常的专业洞察能力和快速迅捷的反应能力。

但值得注意的是,视觉新闻记者不仅要掌握不同体育赛事的拍摄规律,还需要重视必要的位置把握能力,即体育现场的站位、定位和到位。①

(一)站位、定位和到位

站位主要指视觉新闻记者面对体育赛事时所处的拍摄位置。定位主要指视觉新闻记者面对体育赛事时的摄影目标。二者结合并有效使用才能保证拍摄到位。到位主要指视觉新闻记者面对体育赛事时通过灵活运用所掌握的新闻理论知识和摄影实践能力所获得的优质摄影作品。

一般的体育赛事中,体育视觉新闻记者需要获得赛事方许可,尽可能提前一小时左右到达现场,做好准备工作,例如预判正式比赛时赛事球员所处的主要位置、观众可能走动的位置、主办方和承办方人员所处的主要位置、裁判可能出现的位置等。如此便能提前适应赛事现场环境,提前确定在赛事中自己应该拍摄的位置、选择合适的镜头或采取最佳的摄影角度。

此外,为了拍出更好的体育摄影作品,视觉新闻记者还应该熟悉主要球员的惯性动作,例如这些球员可能摆出什么样的惯性姿势或有什么日常肢体动作行为,这会大大提升视觉新闻记者的现场抓拍能力。

比赛中,视觉新闻记者需要实时观察现场不同队伍的赛事积分和情绪表现。特别是当一方处于优势而另一方处于劣势时,视觉新闻记者需要仔细观察不同球员的情绪表现,并对比赛进程进行合理预判。一般来说,赛事进展越激烈,比赛的摄影镜头就越偏向于趋于优势一方的队伍。

以足球比赛为例,预判球员踢球时,视觉新闻记者可以采取灵活走位的方式来抓拍球员的典型瞬间。仰视和俯视角度所产生的视觉效果是截然不同的。从观众席的顶端"自上而下"地用长镜头俯拍,能够更好地展示赛事现场的走势,给人一种"以上帝视角探视全场"的感觉。另外,视觉新闻记者也可以灵活运用无人机或提前安装好的处于现场环境四周或球门的摄影机,获取定点定位拍摄出来的优质照片。

除了把握好站位、定位和到位的技巧外,视觉新闻记者还需要重点培养对摄像设备的掌握能力。照片是通过摄像机的瞬间快门获取的,而面对纷繁复杂、瞬息万变的体育现场,处于成长期的视觉新闻记者往往会产生许多废片,而相当一部分废片是摄影机的参数错误、镜头选择错误、感光选择错误或现场预判失误导致的,因此要想拍摄出好照片,就必须熟练掌握摄像机与摄影思维这一基本功。

在篮球比赛中,一些球星往往会通过假动作"骗过"镜头的预判,部分球员的"集体演戏"也会使镜头的方向发生预判错误。如何正确预判赛场走势呢?其实很简单——盯紧球的方向就行了。虽然道理简单,但真正实践起来非常考验视觉新闻记者对比赛现场所发生的各类情况的应对能力。

(二)拍摄方法

体育视觉新闻作品的魅力在于有效抓拍到体育运动现场所呈现出来的强大爆发力和镜

---

① 王勇.体育摄影的站位、定位和到位[J].宁波通讯,2012(11):64.

头聚焦力。这比较考验视觉新闻记者在使用镜头景深效果的前提下,低速快门持续抓拍高速运动的人物能力。

景深效果可以加强摄影作品中人和物的聚焦能力,使摄影主体具有清晰可见的轮廓,让运动现场看起来更有感染力。

在低速快门持续抓拍高速运动的人物的情况下,如果参数使用不当,会造成整个摄影底片对焦脱焦、模糊一片、无法辨认的情况。更好地拍摄这种运动镜头,可以参考使用下面几种拍摄技巧。

第一,熟练感知摄像机的对焦速度,并在正式比赛前适应追拍效果,例如寻找目标并追踪运动主体、尝试多次按下快门提前获知目标效果的照片参数。一般情况下,为了达到完美效果,使用这种快速追拍法可以将快门速度调整至 1/15 至 1/90 秒。

第二,采用纵向追拍法,即在按下快门时迅速变动镜头变焦环,从而使镜头的焦距长短产生一定变化,这种照片所呈现的效果一般是以画面主体为中心,四周的环境有放大或缩小的变化。当然,为了保证画面的稳定性,视觉新闻记者一般会搭配三脚架辅助使用。

第三,采用多重曝光的手法,使画面效果更强烈,较多用于高速运动的过程。这种方法目前采用得不多,一般是视觉新闻记者借镜头手法表达某种个性态度或意见。

第四,尽可能少用闪光灯。闪光灯会或影响运动员视线,进而影响比赛结果,同时可能因色彩覆盖不到位造成照片色彩失衡,所以一般情况下不打开闪光灯。

总的来说,掌握了体育摄影的拍摄技巧,也就为体育摄影的站位、定位和到位奠定了基础,从而能让体育视觉新闻记者更好地思考现场具体工作的问题。一名优秀的体育视觉新闻记者,除了具备优秀的摄影素养外,还需要运用合理的艺术化表达,从而丰富其视觉新闻报道的意涵。

第三节 体育视觉新闻报道与艺术

知识要点

1. 体育视觉新闻报道的艺术性;
2. 体育视觉新闻报道的艺术性表达策略。

一、体育视觉新闻报道的艺术性

抓拍运动瞬间是体育摄影的魅力所在,也是体育视觉新闻记者难于他人、高于他人之处。中国体育摄影学会主席郭延民认为,不了解运动项目,站位不对,单靠乱打乱撞拍不出真正优秀的体育摄影作品。体育视觉新闻记者要了解运动项目的规律,要熟悉运动员的个人特点,敢于站在独特的角度,控制好快门的释放时机,这样才能把绝佳瞬间拍到、拍好。

体育摄影是典型的动态摄影,往往是在被摄对象高度集中的急速运动中拍摄的,所呈现的是真实的运动形象,因而具有特殊的感染力和与其他艺术形式不同的美学意义。所以,无论是哪种形式的体育视觉新闻报道,只要谈及艺术性,创作的最终目的都必然是实现报道主题。

对于体育视觉新闻报道而言,在创作中的种种取舍,不单是捕捉运动员在赛事中的各类神情流露,更重要的是体育视觉新闻记者对报道主题的构思和把控。因为不同角度、时机、拍摄手法都影响着体育视觉新闻作品的最终画面效果和传播效果。

二、体育视觉新闻报道的艺术性表达策略

对于体育视觉新闻记者而言,正确把握体育现场的拍摄细节、拍摄景别和拍摄角度,可以有效增强画面效果和传播效果,提升体育视觉新闻报道的艺术性。

图 7-4　隋文静、韩聪比赛夺冠
王毓国 摄

第一,以细节打动人是体育视觉新闻记者进行现场摄影报道的第一要求。采用近景或特写的拍摄方法,可以使画面更加聚焦于展现运动员的内在动态。拍摄体育特写照片,关键在于体育视觉新闻记者是否有独特的新闻敏感性,能否通过运动员局部动作或独特的表情神态,为读者用户打开窥探其内在情绪价值的"窗户"。例如运动员的面部表情、手脚动作,在某种程度上可以代表整个体育赛事的关键节点,也能更进一步地触及读者的心弦,所展现出来的能量比其他场景的照片要大很多。2022 年 2 月 19 日,北京 2022 年冬奥会花样滑冰双人滑自由滑比赛在首都体育馆举行,中国选手隋文静、韩聪夺得双人滑冠军。新华社记者王毓国在两位选手的正面,在两人夺冠后迅速按下快门,巧妙地记录下了这个精彩瞬间(见图 7-4)。画面中,中国选手隋文静、韩聪相拥喜极而泣,向观众传递着"通过努力获取实力,才能得到奇迹的眷顾"的正向能量。

第二,用陪体衬托主体是体育视觉新闻记者进行现场摄影报道的必要表现手法之一。为了使画面体现出多层次、主体性与空间感,体育视觉新闻记者通常采用陪体衬托主体的多景层拍摄,让画面通过多景别呈现,既突出了主体,也呈现了整个赛事环境情况。所以,画面的"动感"是体育视觉新闻活动必须突出的要素。但照片是静止的,要想显示出画面的动感,就必须借助画面中主体与陪衬的对比,来体现体育视觉新闻的感染力。在这个基础上,我们进一步理解不同的景别所带来的不同的画面作用。全景主要用来交代体育新闻事件中主题

人物、现场环境及和相关事件的联系。需要注意的是,全景与远景的作用并不相同,利用好全景可以更加有效地揭示拍摄主题,全景范围的选择是随着拍摄对象大小远近而动态调整的。2022年2月4日晚,第二十四届冬季奥林匹克运动会开幕式在北京国家体育场举行,新华社记者李尕将雪花环节的亮点瞬间拍摄了下来(见图7-5),并在网上引发热议。这个照片不仅考虑了主体人物与我国大陆和台湾地区关系的关联和呼应,也达到了丰富内容和传递情感的目的性。

图7-5　第二十四届冬季奥林匹克运动会开幕式上的"雪花"环节
李尕 摄

第三,多角度拍摄丰富主体是体育视觉新闻记者进行现场摄影报道的必要手段之一,主要包括正面拍摄、侧面拍摄和后面拍摄。

正面拍摄可以将目标对象的正面形象清晰地展现出来。目标人物面向观众,通过眼神、表情、姿态,可以与读者产生心灵沟通与连接,极具吸引力与亲切感。体育视觉新闻记者在拍摄时,要准确捕捉目标主体面部的细微表情,其中眼神是关键。因为眼神往往能够进行一种神态的传达和流露,从而加强画面的深度。例如,2022年12月18日,在卡塔尔卢赛尔球场进行的2022卡塔尔世界杯足球赛决赛中,新华社记者李明从正面记录了法国队球员姆巴佩在比赛中射门得分的场景(见图7-6)。

侧面拍摄可以将目标人物的侧面形象特征清晰地表现出来,适用于运动员侧面轮廓效果呈现,可以让整个运动画面结构具有非常明显的指向感。例如,一位运动员正在跑步,从侧面拍摄往往能使画面产生强烈的运动感,这也是体育视觉新闻中的常见表现手法。侧面拍摄往往能够更好地体现运动员的形体动作、情感表现、立体表现,也是最能表现体育视觉新闻主体形象的情感特性的方法之一。例如,2022年11月23日,在卡塔尔豪尔海湾球场进行的2022卡塔尔世界杯足球赛F组比赛中,新华社记者贾浩成记录了克罗地亚队球员帕萨利奇(中前)门前抢点的典型瞬间(见图7-7)。

图 7-6 2022 年 12 月 18 日,在卡塔尔卢赛尔球场进行的 2022 卡塔尔世界杯足球赛决赛中,法国队球员姆巴佩在比赛中射门得分

李明 摄

图 7-7 2022 年 11 月 23 日,在卡塔尔豪尔海湾球场进行的 2022 卡塔尔世界杯足球赛 F 组比赛中,克罗地亚队球员帕萨利奇(中前)门前抢点

贾浩成 摄

后面拍摄即拍摄体育赛事目标人物的背面构图效果。背面构图可以表现出目标人物背部轮廓的特征,没有人的面部呈现。这种照片的情感表现主要是通过目标人物的动作、体态、轮廓实现的,并且情感表达是意向的、朦胧的、较为抽象的。如果拍摄手法得当,后面拍摄可以使画面主体形象更加聚焦,情感表现能力更深入、厚重、严肃。例如,2022 年 12 月 10 日,葡萄牙队在卡塔尔世界杯比赛中,新华社记者肖艺九从背面记录了 C 罗的身影(见图 7-8)。

图 7-8　2022 年 12 月 10 日,葡萄牙队球员 C 罗在比赛中

肖艺九　摄

我们可以发现,选择不同的角度拍摄,能产生截然不同的报道传播效果。虽然通过不同角度所拍摄出来的体育画面都有其固定的特点和相应的缺陷,但也应注意到,充分运用不同的构图形式进行拍摄,就可以与目标对象的特点相匹配,进而体现目标对象的特点,揭示体育报道的主题意涵。

本章回顾

体育视觉新闻报道是一种用摄影手段聚焦体育领域的新闻报道体裁,主要是用图文结合的形式,对新近发生的、大众关心的、有价值的体育赛事或体育活动进行报道。总的来说,体育视觉新闻要求视觉新闻记者把握好典型瞬间,运用艺术性的创作手法,实现报道内容与形式的高度统一。

关键概念

体育视觉新闻　体育视觉新闻报道的艺术性表达

复习与思考

1. 什么是体育视觉新闻?
2. 如何做好体育视觉新闻报道?
3. 如何创新体育新闻报道?

4. 体育视觉新闻怎么拍摄?基本要求是怎样的?
5. 如何在体育视觉新闻报道中体现艺术性?

单元实训

1. 以2022年卡塔尔世界杯为例,策划一期体育视觉新闻报道。
2. 以2022年北京冬奥会为例,尝试分析不同主流媒体对体育视觉新闻报道的侧重点的异同。

人物视觉新闻报道 第八章

本章思维导图

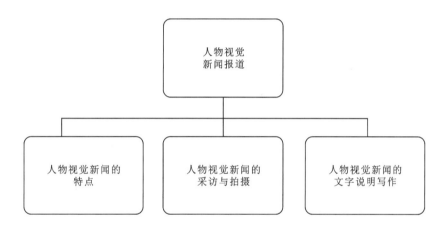

课前导读与体验

  人像摄影图片是新闻媒体使用频率最高的一类图片,富有创意的视觉新闻记者会有很多拍摄人像的机会。新闻人像摄影与一般日常人像摄影的不同之处在于,它是在新闻现场由专业的视觉新闻记者进行采访并拍摄而成的。

  人物视觉新闻的采访与拍摄包含摄影和访谈两个方面,视觉新闻记者既要在把握人像特点的基础上进行现场抓拍、合理摆拍,以更好地表现被摄对象,又要能够对被摄人物进行现场观察与采访,通过采访得来的文字信息弥补图片拍摄展现的内容的不足。

小问答

  1.人像摄影与人物摄影、肖像摄影有何区别?
  2.照片中的人物在视觉新闻报道中有哪些重要作用?

第一节　人物视觉新闻的特点

知识要点

人物视觉新闻的特点。

人物视觉新闻包含对人物的拍摄与新闻报道，又称为新闻人像摄影，是在新闻事件的发生过程中对其中的主要人物进行拍摄与采访的活动。

要明确人物视觉新闻的特点，首先要对人物摄影、人像摄影、肖像摄影等概念进行明确区分。

人物摄影是相对于景物摄影而言的概念，主要拍摄对象是人物本身而不是风景或其他物体；人像摄影一般是指商业人像摄影或室内人像摄影，在照相馆、摄影室内或室外取景地完成，一般采用布光、布景、导演摆布的方法进行拍摄；肖像摄影主要拍摄人物的面部肖像，以突显人物面貌、职业、性格、情感等为主要目的，可以分为室内肖像摄影、人物访谈对象现场肖像摄影等。

人物视觉新闻则是指视觉新闻记者在新闻事件发生现场以人物为主体进行拍摄的行为活动，通过照片记录事件发生现场主要及周边人物的行为、动作、神态，以此来表现新闻事件、传递新闻信息。这种类型的摄影属于视觉新闻范畴，与一般意义上的人像摄影或人物摄影，如上述商业人像摄影、肖像摄影和艺术创作中的人像摄影以及生活中常见的纪念照片的摄影等有很大不同。

图 8-1 所示的这张荷赛获奖照片，显示的是 1985 年苏联总书记戈尔巴乔夫（左）和美国总统里根（右）会晤。这张照片具有深刻的新闻价值、视觉价值和象征价值。新闻价值为两国首脑在日内瓦会晤的情形；视觉价值为暗色背景下，两对相同动作的人物。

图 8-1　第二十九届（1986 年）荷赛新闻人物类获奖照片

法新社 GETTY IMAGES 供稿

第二节　人物视觉新闻的采访与拍摄

知识要点

1. 现场人像采访及拍摄的主要方法；
2. 合理摆拍的限度。

人物视觉新闻的采访与拍摄可以分为现场人物采访及肖像拍摄和环境观察及肖像拍摄两种。

现场人物采访及肖像拍摄主要指在采访过程中采用抓拍的技法，捕捉人物在现场的生动表情，为此视觉新闻记者要注意以下两点。第一，要有耐心。一些新闻发布会或者人物专访，往往会持续较长的时间，有些视觉新闻记者认为抓拍到几张好表情的照片就完成任务了，但是往往会有一些戏剧性的瞬间突然出现，这时如果没有准备好，就只能错失良机了。此外，一些被摄对象的表情动作转瞬即逝，视觉新闻记者也不必为一时没拍到而懊恼，因为人物的一些习惯动作会反复出现，只要有足够耐心继续等待，就会有再次捕捉到的可能。第二，关于现场人物肖像的捕捉，要把人物放在新闻环境里去思考和拍摄，而不是仅仅拍摄特写镜头和头像。新闻人物摄影不是单纯地把人物的外貌表情记录下来，而是要通过人像传达信息，所以视觉新闻记者应关注被摄对象的背景信息，充分利用现场环境和人物之间的关系，将新闻人物置身于特定环境之中，使新闻人像更具内涵。

20世纪最伟大的摄影家之一亨利·卡蒂埃-布列松（Henri Cartier-Bresson）的"决定性瞬间"摄影理论影响了无数后继摄影人。布列松曾说，"对我来说最难的是肖像摄影，你必须要将摄影机放在一个人的皮肤和他的衣服之间"[①]。这句话中所说的"难"，恰恰体现了肖像永恒价值与摄影无限魅力的完美融合。作为一个摄影师，需要透过人物本身的外貌，看到人物深层次的性格、心情、在环境中所表达的信息以及扮演的社会角色等。

图8-2展示了一个兴致勃勃给父亲买酒归来的男孩。他抱着两个大酒瓶，迈着轻快的步子，踌躇满志地走回家，好像完成了一项光荣而艰巨的任务。那得意扬扬的神气，透出少年的天真可爱，即使在左右邻舍女孩子们的注视下，甚至有的人取笑他，他仍然昂首阔步，充满了生活的乐观情绪。

---

① 用摄影还原一个人的本来模样[EB/OL].(2018-12-08)[2022-12-24]. https://www.thepaper.cn/newsDetail_forward_2712839.

在这张照片中，布列松早就观察到了抱酒瓶的男孩，但是仅有男孩的画面过于单调，他一直举着相机，等待背景中小女孩的出现，独特幽默的画面就这样留在了底片上。

试想一下，如果照片中的男孩看向了镜头，照片的视觉效果将大打折扣。在街头摄影中，视觉新闻记者要时时刻刻保持观察的状态，甚至在拍摄前先想好构图，再加上足够的耐心，等待有趣的画面出现。

环境观察及肖像拍摄则会更多地采用一种干涉被摄对象的拍摄方法，视觉新闻记者要把被摄对象和能够体现被摄对象特征的环境结合起来，而不是简单记录被摄对象的面孔，视觉新闻记者需要充分调动环境、背景、灯光，利用构图来凸显人物的个性。这种拍摄方式需要被摄对象的配合，所以视觉新闻记者要善于和被摄对象打交道，让他们在镜头前放松。此外，环境肖像里的环境，常常并不十分理想，视觉新闻记者很可能会遇到一些千篇一律的场景，比如单调乏味的办公室、大同小异的会议现场。这种时候就需要视觉新闻记者发挥创造力，迎接挑战，在有限的空间里拍出不同凡响的照片。

图 8-2 《打酒的小男孩》
亨利·卡蒂埃-布列松 摄

《丽水日报》2021 年 2 月 10 日在要闻（二版）以整版篇幅刊载了人物视觉新闻报道《"诚信奶奶"十年还清 2077 万元债务》，迅速引起社会各界的广泛关注与赞誉。记者雷宁、陈炜芬捕捉人物典型瞬间（见图 8-3），用色彩较为阴沉的镜头基调，记录了正处于一生的低估期，并背负巨债的陈金英。照片中，她正在检查记在本子上的每一笔债务，满脸皱纹、神色黯淡、愁绪尽显，表明这位老奶奶身上所背负巨大的精神压力与经济压力。记者用简单、直白、细致的叙事手法，突出了人物的社会形象，增强了人物的情感呈现，让读者感受到人物的真实性和生动性，并为之动容。

图 8-3 《"诚信奶奶"十年还清 2077 万元债务》
雷宁、陈炜芬 摄

图 8-4 所示这张周总理的肖像非常著名。这张照片拍摄于 1973 年,当时周总理已经查出癌症,面容严肃,多多少少已经能看出他的消瘦。据说当邓颖超看到这张照片时,她也认为这是周恩来这么多照片当中最精彩的一张。从周总理的坐姿、表情、目光中可以看到,他坐在那儿,就有一种气场和人格魅力。

照片中周总理坐在他的办公室里,面容正好冲着光照的方向,沙发旁放了一个茶杯,茶杯上印着的兰花体现出东方特色、中国特色,而周总理穿着中山装,胸前戴着为人民服务的纪念章,呈现出典型的传统中国领导人的特点。

图 8-4 《沉思中的周恩来》
焦尔乔·洛蒂(Giorgio Lotti) 摄 《时代》周刊

从环境来看,深色背景显得凝重,照片整体为冷色调,但照片上有三个暖色调的光照点,分别是周总理的脸、右手和左手,三个光点在整体冷色调的照片中勾画出人物的轮廓。

《财富》的图片编辑在肖像摄影方面颇有心得:"在我们完成一组肖像报道的时候,主人公或是想敛财的大老板,或是股票、债券的交易者,或是财政部部长,或是 CEO 和总裁们。我的做法是把他们从办公桌后弄出来,让他们到外面去,让他们回家,跟狗、跟猫、跟孩子们在一起。我也用一些摆拍的照片,还对表现细节的照片感兴趣。我非常喜欢照片中的光影效果和动态的表现,这些细节对表现整个故事很实用。例如,我们的摄影师为一位 CEO 拍照时,场景选择了他家中的旋转楼梯,在拍摄中碰巧一只猫从楼梯上下来,摄影师拍上了,那只猫的出现让这张照片成为非常独特的瞬间记录,一张优秀的人物肖像照片和一张一般的照片的差别就在于照片中有没有这只猫。"[1]

人物视觉新闻的采访与拍摄有时候不可避免需要摆拍,这时候要注意合理摆拍的限度。其一,不要去干涉正在发生发展的新闻事件;其二,不要去摆拍再现已经过去了的事件;

---

[1] 与美国《财富》摄影总监谈财经杂志的摄影报道[EB/OL].(2006-01-09)[2023-12-23]. http://news.sohu.com/20060109/n241344677.shtml.

其三,摆拍的目的是创造一张有视觉冲击力但绝不会让读者误读的照片;其四,谨慎对待摆拍照片的文字说明。

第三节 人物视觉新闻的文字说明写作

知识要点

1. 人物视觉新闻的文字说明的基本构成;
2. 解释性文字说明。

人物视觉新闻的文字说明与其他视觉新闻基本相同,由标题和解释性说明共同组成。有的时候,照片拍得很不错,但难点在于如何给照片起一个好题目,既要用最简洁的文字来表述影像本身所要表达的东西,又要能够包含摄影者本身对拍摄场景的感悟和表达,同时,还要使标题能够延伸读者对影像的理解,使主题得到补充。

图 8-5 这张孩子的照片拍摄于 2008 年汶川大地震之后,照片呈现的是一个孩子哭的瞬间,孩子的帽子歪戴着,双手合在一起,背景由于大光圈虚化了,但仍能依稀看到凌乱的钢筋水泥,这对环境有了一个简单的交代,通过孩子的表情、动作,以及标题引发人们对"童年"的联想和共鸣,使照片想表达的主题醒目而揪心。

人物视觉新闻的主角是人物,对环境的拍摄相对较少,所以在文字说明中,更需要解释性文字,解释性文字说明的作用主要是提供图片本身难以交代的新闻要素,即新闻五要素——时间、地点、谁、什么事件、为何发生。同时交代背景材料,指出事件的来龙去脉,有时还要对事件发生、发展的原因进行简单的分析。摄影照片画面独立性强,留给文字说明的空间非常有限。图片说明大多只有一两句话,长则一两百字,短则十几个字,如图 8-6 到图 8-8 所示。

图 8-5 《我的童年》
韩萌 摄 《新京报》

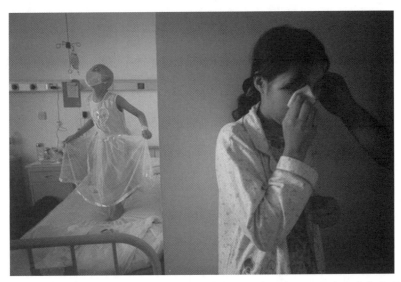

2007年8月11日,北京道培医院,5岁患白血病的浙江义乌女孩吴依飞刚刚换上新连衣裙,在病房中为其他的小病友跳起了家乡的舞蹈,站在门外的母亲见此情形不禁落泪,而父亲在一旁为她轻轻擦泪。

图 8-6 《生命之舞》

李强 摄 新华社

12月12日上午11时,"云之南"残疾人游泳俱乐部19岁的队员韩丹结束水中的训练准备出水。"我在水中自由得像一条鱼",五岁时因触电失去双臂的韩丹最大的梦想是参加2008北京残奥会。中国首家残疾人游泳俱乐部——昆明"云之南"残疾人游泳俱乐部成立于2007年8月。它曾是中国残疾人国家队训练基地,目前它的主要任务是为2008北京残奥会选送队员。

图 8-7 《残疾人游泳俱乐部》

赵亢 摄 《新京报》

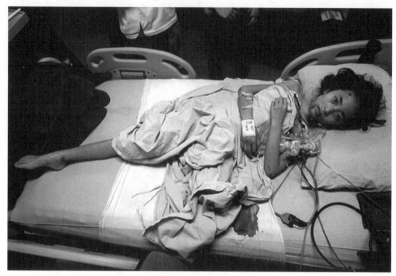

2008年5月18日,在四川省绵阳市第四十四医院的重症监护室,11岁的李月在病床上。李月的理想是当芭蕾舞蹈家,地震让她失去了一条腿。

图8-8 《芭蕾女孩》

郭铁流 摄

综上可知,文字说明同样是人物视觉新闻的重要组成部分,它不仅阐释了人物视觉新闻的主要背景和故事背景,也对人物图片做了进一步解释,以消除被误读的可能性。

总的来说,人物视觉新闻的文字说明写作一般是交代事件背景、事件走向或拍摄者对主题的阐释,一般情况下以一段简短的文字传达信息,利用新闻五要素的方式对图片进行深入解读与补充。例如,这个人物或事件发生在什么时候,他们都是谁,为什么要拍摄这样的照片,这些人物正在做什么等。如果能在文字说明中讲清楚这些问题,无疑会增强照片所传递的能量。

本章回顾

本章着重介绍了人物视觉新闻的特点,人物摄影、人像摄影与肖像摄影的区别,在实际操作过程中要注意区分;人物视觉新闻采访要有耐心,并且要注意对象现场人物形象的捕捉,可以采用抓拍的方法,也可以进行适当合理的摆拍。

关键概念

新闻人像摄影　摆拍　抓拍

复习与思考

1. 人物视觉新闻报道中的抓拍如何做到准而快?

2.如何突出人物视觉新闻报道的画面主体？

3.表现人物视觉新闻报道的形象主体主要有哪几种方法？

单元实训

1.分析人物视觉新闻报道中,人物在照片中的主要作用。

2.收集人物视觉新闻报道,分析其拍摄要求和文字说明写作的特点。

3.编辑整理之前拍摄的照片,找出人物视觉新闻,为其写文字说明。

视觉新闻报道的图文关系　第九章

本章思维导图

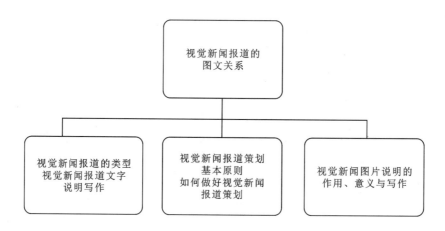

课前导读与体验

　　图像与文字之间的关系,可以分为广义和狭义两种。广义的图文关系是指图片和文字在整体运作上的相互关系;狭义的图文关系是指图片和文字在具体报道中的相互关系。

　　把图文结合视为视觉新闻报道的本质属性,是视觉新闻领域的一大进步。以前,人们总是强调视觉新闻报道里的"视觉",也就是图片,而把文字看作一个独立的体系。如果重视视觉新闻报道里的"新闻",就会发现图片传达不了时间、数字、逻辑关系等抽象信息,仅仅靠图片传达信息会存在一些问题和不足。有时图片在内容表达上有一定的含糊性,必须用文字进行界定说明。文字可以让图片里的信息明确,从而避免让读者产生天马行空的想象。因此可以说,图片和文字是新闻摄影不可或缺的两个基本要素。

　　苏珊·桑塔格认为,无论照片是被当作一种天真的物件来理解,还是被当作一位有经验的技术人士的作品来理解,其意义还有观众的反应,都要视乎照片如何被确认或者误导而定,即是说,视乎文字如何确认或误导照片而定。[①] 可见文字在视觉新闻报道里是非常重要

---

① 苏珊·桑塔格.论摄影[M].黄灿然,译.上海:上海译文出版社,2014.

的部分。在视觉新闻报道中,简要的标题和文字说明是必需的,文字提供新闻图片的"解释框架",消除图片的模糊性和多义性,引导读者按照既定的意愿揣摩图片。

小问答

简述图片与文字的关系。

第一节 视觉新闻报道概述

知识要点

1. 视觉新闻报道的三种类型;
2. 视觉新闻报道的文字说明。

一、视觉新闻报道的类型

视觉新闻报道的形式大致可分为图说新闻、特写性图说新闻和专题性图说新闻。

(一)图说新闻

图说新闻是报刊中最常见的视觉新闻报道形式。它的特点是具有概括性和典型性。图片一般是1~2幅,个别是3幅。

图说新闻的拍摄有以下几点要求:第一,把握典型的场景、情节和细节;第二,使新闻形象突出、直观;第三,要善于把握典型时刻。如图9-1,这张照片是由美国记者艾迪·亚当斯(Eddie Adams)于1968年拍摄的警察局局长当街击毙囚犯事件。从图片所记录的画面可以清晰地看到,虽然短筒手枪的子弹还未出膛,但已经使得将要被枪毙的人面部开始扭曲。

(二)特写性图说新闻

特写性图说新闻是指在重大新闻事件中,对典型事件进行特写镜头式表现,或从富于个性特征的角度进行提示性的视觉报道。它用典型细节来表现和概括新闻事件,对拍摄主体进行"拉紧贴近"或"局部放大"操作。特写性图说新闻既可以是单一图片,也可以是系列组图,且不强调时效性。不同于单一图片报道体裁须配有大量的解释性文字,系列组图是成组

图 9-1 《西贡枪决》
艾迪·亚当斯 摄

图片与总结性文字相结合的一种极具表现力的报道形式。图 9-2 是一组来自《人民日报》的新闻,自 2022 年 8 月 9 日起,重庆市北碚、巴南、大足、长寿、江津等地先后发生多起森林火灾。火灾发生后,国家森林防火指挥部办公室、应急管理部迅速启动Ⅳ级应急响应,立即派出 2 个工作组赶赴重庆指挥指导,部署甘肃省森林消防总队靠前驻防分队、重庆市消防救援总队 1200 余名消防员先期投入扑救行动,紧急调派 6 架直升机和云南、四川省森林消防队伍 1000 余人跨省增援,调拨 2 批次、16634 件(套)物资装备支援一线扑救,有力有序开展灭火工作。截至 26 日 8 时 30 分,北碚区与璧山区交界火场明火全部扑灭。①

救援人员提着灭火器前行。王全超 摄

图 9-2 重庆森林火灾救援:无数微光 无穷力量(组图)

---

① 重庆森林火灾救援:无数微光 无穷力量[EB/OL]. (2022-08-22)[2023-02-22]. https://baijiahao.baidu.com/s?id=1742367581579925506&wfr=spider&for=pc.

第九章 视觉新闻报道的图文关系 119

志愿者在铺设输水管道。朱高祥 摄

8月18日,一架救援直升机在重庆涪陵进行灭火作业。8月17日,重庆涪陵荔枝街道、江北街道所辖山林相继发生火灾。当地迅速组织力量赶赴现场扑救,及时疏散附近居民。王全超 摄

在重庆北碚区歇马街道,志愿者骑着摩托运送救援物资。唐奕 摄

续图 9-2

(三)专题性图说新闻

专题性图说新闻是一种结合多幅图片和文字,以达到全面、深刻地介绍、呈现和提示新闻事件的视觉新闻体裁。这种形式在摄影画报中常用。专题性图说新闻图片的选择和编排发挥着重要的作用。

专题性图说新闻有以下特点:第一,图说新闻与专题性图说新闻有机结合,形成一个有头、有尾、有情节的完整故事;第二,充分体现画面与文字的完美结合;第三,画面是多时空、多瞬间的形象集合,从而形成整体优势,具有更丰富的内涵和更多的信息,可以更深刻地揭示主题;第四,具有情节性,通过情节确保新闻的完整性;第五,因图片占据了版面较大的布局空间,可以达到增强视觉吸引力的效果;第六,它是一种深度报道的形式,虽然作用独特,但不应滥用。

专题性图说新闻的图片选择要遵从以下两个原则:第一,从主题角度看,要具有全面性、多样性、代表性、深刻性、典型性;第二,从版面设计看,要使画面富有丰富性和多样性。

印度在印控克什米尔地区实施军事封锁,当地通讯中断,摄影师达·亚辛记录了克什米尔争议领土上的震撼人心的生活画面。他的作品获得了普利策专题摄影奖(见图9-3),他认为获奖作品对他来说既有专业意义,也有个人意义。"这不是我拍摄的人的故事,只是我的故事,"他在接受美联社采访时表示,"能成为普利策奖得主并与世界分享我的故事,我感到非常荣幸。"[1]

2019年3月4日,在印度控制的克什米尔南部斯利那加以南的特拉尔村庄,一场枪战摧毁了房屋的一部分。达·亚辛摄

图9-3 印度取消克什米尔地区自治(组图)

---

[1] 第104届普利策新闻奖获奖作品公布[EB/OL].(2020-05-06)[2022-12-22]. https://www.163.com/dy/article/FBUQRMSG053470I7.html.

第九章 视觉新闻报道的图文关系 121

2019年5月31日,星期五。在印度控制的克什米尔斯利那加的一次抗议中,一名戴着面具的克什米尔抗议者在向印度警察的装甲车的引擎盖上投掷石块时跳了起来。达·亚辛摄

2019年10月4日,星期五。在印度控制的克什米尔郊区斯利那加郊区祈祷后,蒙面的克什米尔人在抗议中大喊口号。达·亚辛摄

续图 9-3

2019年5月14日,星期二。印度士兵与学生发生冲突,士兵正在破坏停在一所大学外的摩托车。达·亚辛 摄

2019年8月9日,星期五。印度警察在空中射击催泪瓦斯和实弹,以制止在印度控制的克什米尔斯利那加举行的抗议游行,妇女大喊口号。达·亚辛 摄

续图 9-3

二、视觉新闻报道的文字说明写作

视觉新闻报道作为一种新闻报道形式,通常有两种报道模式,一种是"标题+图片+说明词"的报道模式,另一种是"标题+总说明词+图片+分说明词"的报道模式。视觉新闻报道的文字说明部分主要包括标题和说明词两部分,它们是视觉新闻报道的有机组成部分,在传播新闻信息时,与画面形象共同起作用。

(一)"标题+图片+说明词"报道模式的文字说明写作

这种报道模式的主体部分是新闻图片,通常为单幅,也可以多幅一起出现,但注意多幅图片是从不同侧面反映同一事物或事件。文字说明的第一部分是标题,它是新闻图片的"眼睛",一般是用简明的语言概括、介绍、评价新闻图片的报道内容。第二部分是说明词,主要是以简洁明了的语言补充图片未表明或无法表明的新闻要素和背景资料,帮助读者理解图片。

(二)"标题+总说明词+图片+分说明词"报道模式的文字说明写作

这种报道模式主要用于系列图片的视觉新闻报道,即通常所说的专题性图说新闻。它相对于独幅图片而存在,由多幅图片围绕一个主题、按照一定的结构原则集合而成,这种系列图片不是一两张图片的堆砌,也不是一组图片的无序排列,它是标题、说明以及成组图片靠一种思想联系在一起的整体。

二维码 9-1

第二节 视觉新闻报道策划

知识要点

1. 视觉新闻报道策划的基本原则;
2. 如何做好视觉新闻报道策划。

一、视觉新闻报道策划应遵循的基本原则

(一)充分发挥视觉新闻的特点,尊重视觉新闻规律

和传统的新闻报道相比,视觉新闻报道能够通过具体图片产生较强的视觉冲击力,使得

新闻报道更加形象直观,更有说服力。在报刊版面上,一张内容充实的图片通常胜过大段文字的叙述,从内容上也更能吸引受众。

(二)视觉新闻报道须产生良好的社会效益

视觉新闻报道能够引导社会舆论,并产生良好的社会效益是视觉新闻报道成功的关键。视觉新闻报道的策划可以从以下三方面入手:一是围绕重大活动进行多角度策划,如果说突发事件报道的重点是速度,重大事件报道的核心就是深度;二是注重新闻报道主体本身以外的事件策划报道;三是留意能够引发社会思考和政府关注的社会问题。

(三)充分发挥视觉新闻记者与编辑的主观能动性,尊重新闻事实

视觉新闻记者和编辑要围绕事实展开思考,结合自身的认知能力、知识能力和事实的"含金量",策划出优秀的新闻作品。在重视客观报道事实的前提下,发挥视觉新闻记者和编辑的主观能动性,两者相互配合,从计划到报道完成始终保持思想的统一。

二、如何做好视觉新闻报道的策划

(一)常规视觉新闻报道的策划

常规视觉新闻报道是视觉新闻记者工作中占比最大的部分,其中社会新闻最多,覆盖面比较广。这类新闻报道需要视觉新闻记者发挥较大的主观能动性,主动策划、思考,从平淡生活中挖掘精彩内容。

(二)突发事件视觉新闻报道的策划

突发事件是视觉新闻报道中经常出现的一种报道题材。由于事发突然,所以视觉新闻记者往往不能在有准备的情况下从容应对。然而,当突发事件发生后,我们仍然有机会根据事件的特点预测其发展趋势,通过策划进行有组织、有计划的报道。

(三)重点/难点/热点题材视觉新闻报道的策划

无论什么样的新闻形式,如果不能聚焦社会热点、反映重大主题,新闻的意义就会大大降低,因此,重大新闻主题是重点题材视觉新闻报道策划的重中之重,如庆祝中华人民共和国成立70周年的报道,就是严肃的政策性重大题材报道。对于这类题材的报道,要在把握主流报道方向的前提下,找到切入点,通过将生动的画面进行组合,反映伟大祖国70年来取得的成就和硕果。难点题材的策划多针对批评性报道和社会敏感问题,视觉新闻记者需要对于如何巧妙地获取报道所需的信息、突破报道的压力、使报道最终产生良好的社会效益,进行精心的安排和缜密的思考。因此,这个主题的策划重点是找到报道的突破口和落脚点。热点题材的策划针对的是全社会共同关注的问题。从某种意义上说,热点话题最考验策划能力,因为每个人面对的都是同样的报道素材,这时候要将新闻做出特色就需要策划具有独创性。

三、高素质的摄影团队是完成策划的重要保证

如果没有一个完成者将策划完整执行,再完美的策划也只能是空谈,所以,一支高素质的摄影团队是策划成功的重要保证。优秀的视觉新闻记者在技术层面上应该对摄影语言有全面的把握,用自己手中的相机截取最有表现力的瞬间。同时,对媒体性质的把握、政治及新闻素养更是优秀的视觉新闻记者不可或缺的素质,也是决定报道最后能否到位的重要条件。

资源拓展

面对移动互联网时代的碎片化和视频化的新闻报道,"形式胜于内容"成为网络新闻发展面临的重点问题,所以 H5 新闻产品在进行形式创新的同时更要重视新闻报道的内容。2019 年,由澎湃新闻精心制作的 H5 新闻产品《海拔四千米之上》(见图 9-4)是一部全媒体专题报道,它通过多种新闻报道形式对三江源国家公园进行了深度报道,获得了第二十九届中国新闻奖融合创新一等奖。2018 年 1 月,国家发展改革委员会对外明确公布了《三江源国家公园总体规划》,并准备于 2020 年开始建设三江源国家公园。三江源国家公园作为我国第一个国家公园的体制试点,为全面建立国家公园体制,推动绿色发展,建成青藏高原生态保护修复示范区起到了重要作用。澎湃新闻密切关注国家议题,针对三江源国家公园开展了专题策划。在 H5 新闻作品中,澎湃新闻将内容划分为黄河源、澜沧江源与长江源三部分,也对应了三江源的含义。

图 9-4 《海拔四千米之上》

网络移动媒体的出现改变了传统新闻媒体以文字和图片为主的报道方式,通过互联网技术将视频、音频、动画等虚拟技术融合,进行全方位、立体化的信息呈现。当下全媒体的新闻报道模式丰富了新闻信息内容资源,能够以多样化的表达

方式诠释新闻,满足不同受众阅读习惯的需求。H5 技术的出现为专题报道提供了信息资源整合的技术支持,H5 新闻作品可以通过画面切换与导航栏设置将专题新闻细划为一个个小专题,专题之间相互链接,最终汇聚在产品中,实现新闻报道内容的高度整合。①

第三节 视觉新闻报道图片说明

知识要点

1. 视觉新闻报道图片说明的意义。
2. 视觉新闻报道图片说明的作用。
3. 视觉新闻报道图片写作要简洁、客观、真实、准确,将五个 W 蕴含其中。

一、视觉新闻报道图片说明的意义

要重视视觉新闻报道图片说明的写作,这不仅是因为"在新闻图片报道中,有不少新闻照片是以图片新闻形式,独立、单幅地发表于各版面,这类照片必须用文字来交代报道的具体内容和其他新闻要素"②,更重要的是,"新闻照片的结构本身就是由画面形象和说明文字两部分组成的。两者结合成不可分割的整体,在传播新闻时,无论哪一方面表现逊色,都会影响到最终的报道效果"③。

(一)消除图片的不确定性、模糊性和多义性

单纯的图片对信息的传达是不清晰的。曾在加利福尼亚大学伯克利分校任助教的简·克瑞克做过这样一个研究,他将同一幅图片加上不同的图片说明给读者看,以研究图片说明对理解图片的影响,最后的结论是图片说明会影响一幅图片的含义,尤其是当图片本身的信息模糊不清时,文字说明有可能将读者对图片的理解从一个极端引到另一个极端。因此我们必须用图片说明来对图片进行界定。

---

① 李文文. 场景时代 H5 新闻专题报道的创新路径研究——以澎湃作品《海拔四千米之上》为例[J]. 新媒体研究,2021(9):59-61.
② 张晓东,陈甬夫. 新闻摄影教程[M]. 大连:辽宁师范大学出版社,1994:225.
③ 孔繁根. 摄影采访与图片编辑[M]. 北京:中国人民大学出版社,1990:304.

(二)引导读者对图片进行理解,准确传达传播者意图

正如《编辑的艺术》所说的:"文章靠标题来形成卖点,而文字说明则可以成为图片的卖点。图片说明的作用是使读者根据摄影师和图片编辑的意愿再次揣摩照片。"[①]一般而言,读者阅读图片的顺序是:先被图片吸引,由于图片不能完全传递信息,读者必定有不明白的地方,然后转而求助于图片说明,在图片说明中如果读者的疑惑得到了解答,他会转而再次阅读图片。尽管在一些调查中,图片说明的阅读率不如图片高,但是往往是在读者不经意的一瞥中,图片说明给予了他们很多图片不能传达的信息,使编辑意图得到更好的贯彻。

二、视觉新闻报道图片说明的作用

(一)传达在图片中无法用影像语言表达的抽象信息

图片说明可以解释图片中人物动作的含义,证实图片中人物的身份,标明图片拍摄的时间、地点等,还能够强调图片中有意义但是又有可能被读者忽视的细节。有的时候,画面中可能会有一些传达信息的细节,但是因为这些细节在照片中所占的面积比较小,有可能被读者忽略,如果在图片说明里予以提示,则可以引起读者注意。

(二)揭示图片的意义

在图片说明里解释为什么拍这张照片、为什么发表这张照片,可以使读者了解照片背后的故事和新闻摄影报道的内涵。

(三)标明作者及所属的机构

图片说明中标明作者及所属的机构,除了是对作者署名权和作品著作权的一种尊重,也是表示"文责自负"和媒介公信力的重要信息。作者所属机构的标注可以告知读者这张照片的来源,而这个来源是否可靠、它获得信息的渠道、它一贯的表现方式等,都可以帮助读者进一步理解照片。

三、视觉新闻报道图片说明写作

(一)三个"必须"

第一,最重要的事实必须放在首位。图片说明写作类似于新闻导语的写作,它一般采用倒金字塔的方式,即先提炼最重要的事实,然后介绍一些次要的背景信息等。最好不要用平铺直叙的写法,如某年某月某日发生了什么。

---

① 布雷恩·S·布鲁克斯,詹姆斯·L·平森,杰克·Z·西索斯.编辑的艺术[M].8版.李静滢,刘英凯,译.北京:中国人民大学出版社,2009:234.

第二,必须使用精确的语言,避免歧义。能使用准确的数字就不要用一些模糊的语言,如"参与人数众多"和"参与人数为几万人次"相比,后者明显更清晰、更有说服力。

第三,如果使用了特殊的摄影技术或插图摄影,必须在图片说明中注明。

(二)两个"不要"

第一,不要写看得见的内容,要写图片中看不见的内容。这是视觉新闻图片说明写作中易犯的一个错误。也就是说,不要简单描述图片,而要阐释图片。例如,某足球队员在球场上正激烈地角逐——这是一句无用的信息,在图片中显而易见。但是如果编辑改成"某足球队员以其出色的表现成为那场比赛中最亮眼的球员",就是对读者有意义的,因为这是读者无法从图片中直接获得的信息。

第二,不要对照片主观臆断,妄加猜测。例如,如果写某人看起来很沮丧,难免会引起读者疑惑,要用事实说话,通过事实表达观点。

(三)三个"注意"

第一,注意及时更新图片说明。从图片编辑拿到照片到照片发布的这段时间里,事实有可能还在发展变化,比如灾难中遇难的人数、谈判的进展等,所以一定要根据最近发生的事实来撰写说明。

第二,注意慎用素材渠道的图片说明。从图片素材渠道获得的图片,其图片说明都是一个概要,也许并不适合对所报道事件进行阐释,因此要注意根据自己媒体的需要,更改说明文字,而不是原样照搬。

第三,注意为自己最终使用的图片撰写说明。在使用的过程中图片有可能被更换,更换后也要注意对图片说明进行更换,一定要注意是为最终出现在媒体上的那张图片撰写说明。

(四)写好"五个W"和"一个H"

在新闻写作中,"五个W"和"一个H"是必不可少的要素,视觉新闻图片说明写作也不例外。

第一,时间(when)。这个时间应该是具体时间,不要模糊为"昨天"等不确切的时间。

第二,地点(where)。地点也要具体,如国家、城市。如有必要,还要把城市的特色写清楚。

第三,谁(who)。不一定要写出人名,但是要标明这些人物的身份和特点。

第四,什么(what)。交代照片的具体内容、环境、背景,尤其是背景信息,让读者了解更多的照片以外的故事。

第五,为什么(why)。阐释照片的意义,使读者对照片的理解达到一定高度。

第六,怎么样(how)。对于需要交代来龙去脉的摄影报道,还要写清楚背景信息。

资源拓展

数字化时代对视觉新闻实践的建议[①]

一、坚持视觉新闻真实性

数字化时代背景下,为了提高视觉新闻报道价值,提高受众对视觉新闻报道的认可度、满意度,视觉新闻记者应始终坚持真实性报道原则,即在视觉新闻报道中,坚决不为个人私利报道虚假新闻,力求反映新闻现场真真实实存在的人、事,不对现场摄影图片进行PS处理,准确、简明地用文字说明摄影作品的关键信息,有效防范视觉新闻杜撰行为。此外,在数字化时代,视觉新闻记者为了避免不真实照片的出现,应深入新闻现场,对新闻现场中的时间、地点、事件、人物、结果、原因等新闻要素进行全方位了解,收集第一手资料。然后在尊重事实的基础上,利用滤镜、剪裁等工具,再现新闻现场的人物和事件,将新闻发生过程准确传达给受众。

二、不断挖掘新鲜题材

在数字化时代,为了增强视觉新闻报道的感染力,吸引受众的关注,视觉新闻记者应努力挖掘一些新鲜题材,避免雷同现象。以贾国荣的《杠上争锋》为例(见图9-5),这则视觉新闻作品获得了2014年第五十七届荷赛体育动作类一等奖,在这个摄影作品拍摄过程中,他改变了以往拍摄方式,特意选择了慢速度,光圈为4的超级镜头,手动聚焦,选定某一位置。同时,他强调动感,线条如箭,以黑白影

图9-5 《杠上争锋》
贾国荣 摄 中国新闻社

[①] 张蔓,徐勇.面向数字化时代视觉新闻实践面临的挑战与建议[J].电视指南,2018(4):123.

像再现了人物面部表情,形象化地歌颂了为命运拼搏的年轻人。贾国荣曾说:"我获奖的原因,不是战胜了任何对手,而是创新的我,打倒了陈旧的自己。"这也说明在视觉新闻报道中注重创新,挖掘富有新鲜感的题材十分重要。

此外,在数字化时代背景下,还要深入报道社会关注度较高的突发性事件,以全新角度拍摄新闻现场,引起受众共鸣。

三、仔细筛选新闻内容

在视觉新闻报道中,为了更好地增强作品冲击力,有效应对数字化时代所带来的挑战,除了保证视觉新闻新颖性、真实性,视觉新闻记者还要学会准确筛选具有纪实性的瞬间定格形象,利用典型性瞬间形象向受众传递新闻信息,让受众能够真正理解新闻所传达的内容。同时,为了捕捉瞬间形象,视觉新闻记者应充分发挥自身敏感性和嗅觉能力,筛选出有价值的新闻内容,对其进行真实的报道,最终在增强视觉新闻作品感染力的基础上达到信息传递的目的。

本章回顾

本章着重介绍了视觉新闻报道的类型、作用、意义,以及进行视觉新闻策划所需要遵循的基本原则。

关键概念

视觉新闻报道　视觉新闻报道基本原则

复习与思考

1. 简述视觉新闻报道的类型。
2. 视觉新闻报道策划应遵循哪些基本原则?
3. 视觉新闻报道图片说明写作应遵循哪些原则?

单元实训

为自己拍摄的一组摄影专题撰写简要的文字说明,要求整组图片有一段总体文字说明,单幅图画也要有简单的文字说明。

视觉新闻编辑与发布 第十章

本章思维导图

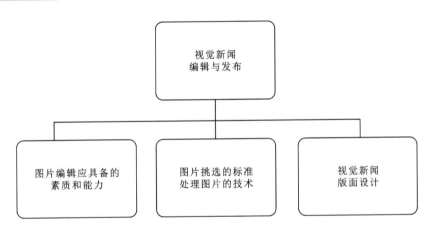

课前导读与体验

在新媒体背景下,当今社会进入"读图时代",图片是受众在互联网海量信息中最容易看到的信息,因此,图片和文字、视频一样,需要进行编辑加工,对图片进行编辑加工是视觉新闻必不可少的环节。图片编辑是媒体单位中非常重要的一个职能岗位。

在国内外图片编辑发展史中,图片编辑一开始并没有受到人们的充分重视,大多数人将它视为文字的附属品。后面随着传媒业的发展,人们逐渐认识到图片的重要性,开始将图片与文字放在同等重要的地位,再后来随着传播模式的进一步发展,图片甚至在特定领域成为主要的信息传播方式。在这一发展过程中,图片编辑的工作变得越来越重要。

19世纪20年代,美国报纸开始普遍使用新闻图片,当时视觉新闻记者的职能更偏向于摄影师,几乎不带有新闻属性。他们主要是根据文字记者的要求拍摄照片,且拍摄的作品大多是单调的摄影棚肖像。19世纪30年代,纪实摄影兴起,图片编辑开始要求摄影师抓拍"决定性"瞬间,这些"决定性"瞬间使照片不再是单调的静态形态,但这时期图片和文字之间的联系还没有得到足够的重视,对新闻事实的挖掘也不深。19世纪50年代,开始有报纸刊登图片作为专版,图片的叙事性和故事性加强,但与文字的联系还是不够密切。19世纪80年代早期,美国的报业得到空前繁荣,照片的"故事性"被当成视觉传播手段,视觉新闻的地位越来越受到重视。

图片编辑在我国也经历了一个缓慢的发展过程。改革开放前,我国不管是报社还是杂志社都没有"图片编辑"这一岗位,通常由文字编辑兼任图片选择的工作。1985年,我国学者第一次提出"图文并重"的观点,随着《中国青年报》《经济日报》《工人日报》等主流报纸带头使用图片独立报道新闻,并且取得了不错的反响,图片在报刊中的地位才慢慢提高。1990年"银川会议"确定了"图文并重,两翼齐飞"的办报思想,在市场经济的推动下,一些市场化报刊根据读者的阅读兴趣,调整报纸版面图文的大小和比例,甚至直接以图片作为报道体裁,充分发挥图片在信息传递方面的作用,一定程度上改变了读者的阅读习惯。21世纪,随着互联网发展、信息爆炸、大众生活节奏加快,以及各类社交平台、门户网站的兴起,图片能使读者更快地获取信息,图片的重要性也越来越显著,大众进入"读图时代",图片编辑在媒体单位也发挥越来越重要的作用。

小问答

1. 图片编辑是如何变得越来越重要的?
2. 说说图片对于阅读的重要性。

第一节 视觉新闻图片编辑

知识要点

图片编辑需要具备的素质和能力。

数码时代,视觉新闻记者出外务拍摄回来的照片通常有几十甚至上百张,但刊登图片的版面是有限的,这就需要图片编辑从中取舍,选择合适的照片。在整个编辑流程中,选片是图片编辑的基本工作任务,他们还肩负着和文字编辑、美术编辑、视觉新闻记者、采访对象等沟通的任务。要出色地完成这些任务,图片编辑需要具备一定的素质和能力。

第一,具备新闻敏感性。图片编辑除了是影像工作者,还是一名新闻工作者,所以新闻敏感性是必要的素质。好的图片不是等出来的,是需要策划的。优秀的图片编辑需要有一定的新闻素养,并凭借新闻敏感度将新闻线索策划成选题。面对上百张照片,千千万万的信息元素,如何挑选出既适合传播又能吸引大众注意力的那一张或几张照片,同样考验图片编辑的新闻敏感性,而这种新闻敏感性需要在长期实践工作中锻炼和积累。

第二,懂拍摄技术,好的图片编辑最好有一定的摄影功底,了解摄影流程和摄影技术,理解视觉新闻记者工作的为难之处,这样才可以站在专业的角度与视觉新闻记者沟通,提出更专业、更可行的拍摄建议和要求,不至于出现"门外汉"指挥"专业选手"的现象。

第三,拥有一定的审美能力。这个审美能力包含两部分。一是图片编辑要懂排版设计,视觉新闻记者拍摄的图片经过专业的排版设计之后才展现在受众面前,图片编辑应该对视片的排版效果有整体的预见性,提前设想图片的排版,对于版面中应该出现哪些元素、哪几张图片,尺寸多大,版面怎么排,图片编辑需要做到心中有数。二是图片编辑要具有一定的图片鉴赏能力,作为视觉传输工具,图片只有既符合大众审美,又有视觉冲击力才能被大众接受。

第四,有较强的语言表达能力和沟通能力。图片编辑除了策划主题和选片外,还有大量的沟通协调工作需要完成。首先,图片编辑要与视觉新闻记者沟通交流,一般是图片编辑下达摄影任务,视觉新闻记者负责执行。图片编辑只有具备良好的沟通能力,才能准确无误地下达任务。拍摄过程中,图片编辑和视觉新闻记者也会就现场的情况进行交流。拍摄结束后,图片编辑会跟视觉新闻记者进行复盘,提出改进建议。其次,因为图片经常会与文字一起出现在报纸版面上,所以图片编辑和文字编辑在拍摄前会根据主题商议拍摄需求,拍摄完成后还会交流选片方面的意见,必要的时候还会跟美术编辑商讨设计方案,协商图片的大小、摆放位置,要不要加装饰等,以达到视觉和文字的传播效果最大化。最后,有些场景需要经过允许才能拍摄,为了获得许可权,图片编辑还需要提前跟相关单位或者被拍摄对象沟通,获得采访许可。所以,一个好的图片编辑除了处理图片和文字,还得是一位优秀的沟通协调者。

二维码 10-1

第二节 图片挑选的标准与技术处理

知识要点

1. 图片挑选的标准;
2. 不同类型的媒体选择图片的标准;
3. 图片常用处理技术。

因为每个媒体平台的性质不一样,媒体的定位也不一样,所以选图片没有统一的标准,但总体来说,技术过关、内容合适、伦理合规是挑选图片的基本要求。

一、图片挑选的标准

(一)基本要求

1. 技术过关

一张合适的照片,最基本的要求就是技术过关。技术主要体现在逻辑和视觉两个方面。逻辑是从图片自身出发,主要是指视觉新闻记者拍摄照片贯穿始终的中心思想,它像一条线一样串联拍出来的每一张照片,使编辑在选片时能够直观地看到新闻线索孕育、生长、迸发、结果、后续影响的全过程。倘若图片没有逻辑,则会失去精神。

视觉则是把图片放在排版中进行整体考量。这里的视觉除了指图片带给人的视觉感受,还包括色彩、风格、主题、构图与整体排版的融合度、协调性。个体要服务于整体,再好的图片也只是整体版面的局部。图片作为众多元素之一,要与其他元素相互呼应、相互补充。大众最后看到的也是整体效果,在之前的内容里虽然经常强调图片要有视觉冲击力,但视觉冲击力并不代表图片与整体排版风格不协调。

2. 内容合适

如果说技术过关只是基本要求,那么内容合适、能准确地表达主题,则是更高层次的要求。从图片编辑的角度来看,最好的图片不是单独看起来有冲突性或给人震撼感的图片,而是适合本媒体的风格与定位,或者能准确诠释甚至升华文字内容的图片。在实际的选片中,图片编辑经常需要在大量相似的图片中,凭借个人对图片的敏锐度和新闻嗅觉来做判断。

3. 伦理合规

除了技术和内容,图片编辑还需要在伦理道德上对图片进行把关。遵守伦理道德是新闻从业人员的基本素养。新闻向受众传播信息,在一定程度上影响着受众的思想观念。媒体应该传递积极向上的内容,帮助大众树立正确的人生观、世界观和价值观。所以图片编辑在选图片的时候要本着对读者负责任的态度,选择符合伦理道德规范的图片,拒绝血腥暴力、少儿不宜、违反法律法规等内容,如越南战争时期西贡和尚自焚的照片,以及"9·11"事件中从大厦上坠落的遇难者的照片等。这些照片刊登出来不仅会给读者留下心理阴影,还会对遇难者家属造成二次伤害。同时还要考虑图片在拍摄过程中是否违背伦理道德,如是否侵害了被拍摄者的隐私权、肖像权等以及获取照片的方式是否合法等。

(二)不同媒体选择照片标准不同

选照片的标准与媒体的定位和本身特点有很大的关系。泛娱乐化的媒体平台在选照片时就不会像官媒那么正式。报纸选照片侧重于突出主体,杂志选照片侧重于印刷效果,数字媒体选照片则要视觉构成简洁明快。接下来分别介绍报纸、杂志和数字媒体选照片的侧重点。

1. 报纸选照片

读者阅读报纸的习惯通常是先浏览,花几分钟快速了解主要信息,有吸引自己的内容再停下来细读。而报纸的纸质通常是松软多孔,甚至肉眼都能看到纸张的纹路,所以图片的印刷质量比较粗糙,部分内页还是黑白的。图片编辑在选择照片时可适当放宽印刷出来的成品质量标准,把精力集中在图片中的主体是否突出,表达的信息是否简洁明了,读者能否在浏览的瞬间接收到图片传达的信息。

比如《新华日报》将老百姓作为图片的主体,以多张照片展现了不同百姓的生活面貌,简洁明了地展现了人民其乐融融的生活状态,能够迅速吸引读者的注意(见图 10-1)。

图 10-1 《新华日报》

2.杂志选照片

杂志的内容通常会有比较强的倾向性和专业性,且一般专注于特定领域,比如,摄影杂志的目标读者是摄影爱好者,时尚杂志的目标读者是年轻女性,旅游杂志的目标读者是旅游爱好者。正是这种专业性,使得杂志的读者带着某种兴趣和目的来阅读,且会以理解内容为前提,仔细阅读。再加上杂志的印刷纸张通常是铜版纸,光滑度和色泽度都比较好,印刷效果精良,因此图片编辑比较偏向于影像质量高、视觉符号多、元素丰富的照片。一方面,元素和视觉构成丰富的图片可以传递更多的信息,让读者愿意花时间揣摩;另一方面,杂志的印刷纸张质量好,可以保证图片的印刷效果。

比如《ELLE》杂志选用的图片元素相较于报纸图片要丰富很多,模特的表情以及姿势都可以给读者很多的想象空间,同时,图片中的色彩也较为鲜艳,可以带给读者更好的视觉体验(见图10-2)。

图10-2 《ELLE》杂志封面

3.数字媒体选照片

网络空间信息承载量大,传播速度快,传播范围广。新媒体时代,读者每天会主动或被动地接收海量信息,再加上现代社会节奏快,读者的阅读习惯由沉浸式阅读转向碎片化阅读,心态比较浮躁。为了在互联网海量信息中抓取读者为数不多的耐心和宝贵的注意力,图片编辑选取图片时应该遵循一目了然的原则,尽量选择视觉构成简单、信息简单、色彩明快的图片,不要增加读者的阅读理解量。

互联网时代图文新闻通常都是以"标题+封面图"的形式呈现,读者都是先看标题和封面图够不够有吸引力,再决定要不要点击链接进一步阅读,所以图片编辑在给网络平台选封面图的时候要遵循"七秒定律"(即顾客在面对货架上琳琅满目的商品时,七秒钟之内就可以判断出对这个商品是否感兴趣),图片编辑要用产品思维,将封面图视为货架上的商品,不仅要在视觉上给读者冲击,让读者一眼就看到它,还要了解读者喜欢什么,选择他们感兴趣的内容。

在数字媒体平台,图片和图片之间、图片和文字之间、图片和视频之间是可以相互关联的。读者很多时候会以某一张图片为出发点,点开一系列链接。而这也是数字媒体平台留住用户的方式之一。所以图片编辑在选图片时要摆脱单一的线性思维,与文字、美术、视频团队等合作,开发创造力,利用好互联网这一特点,增加平台用户黏性。

图 10-3 为《人民日报》海外版官方公众号所报道的一篇新闻,封面图片选择的是克里米亚大桥发生火灾的照片,图片要素清晰,让读者一看到图片就能够知晓这一新闻事件,激发读者点进去进一步了解事态的欲望。

图 10-3 《人民日报》海外版公众号

(三)报纸头版和杂志封面图片

1. 报纸头版图片

头版是报纸的门面,读者拿到报纸第一眼看到的信息就来自头版。如果头版照片选择失败,就很难吸引读者购买和阅读。在报纸还是主流传播方式之一的年代,面对报刊亭里琳琅满目的报刊,读者很多时候会根据一眼扫中的头版头条选择买哪份报纸。正是因为头版十分重要,所以在图片选择上通常需要图片总监或者图片编辑、报社编辑部门的高层商讨决定。而为了让自家报纸在众多报纸中脱颖而出,吸引读者购买,最简单高效的办法就是在头版上刊登具有视觉冲击力的照片,且照片要足够大。因为人看书报的视觉习惯是从上到下,为了充分发挥图片的吸睛作用,有时候图片甚至放在标题和正文之上。

对于图片的摆放位置,《泰晤士报》有一套非常成熟的做法。在《泰晤士报》的版面上,所有重要照片不但都在版面上部,甚至有一些还会在版面的最顶部,稿件标题则被放在图片下面(见图10-4)。

图 10-4 《泰晤士报》

头版图片是一张报纸的身份象征,图片的选择代表了媒体对新闻事件的态度。图片编辑选头版图片除了重视视觉冲击力,还要考虑图片呈现出来的态度和观点要客观公正,符合新闻媒体的身份。

例如,《湖北日报》(2023年04月17日)头版要闻中,用了较为醒目的图片展示2023武汉马拉松开跑的盛况,图片下方用了简短的文字说明提示了该事件的主要内容,激发了读者的阅读兴趣。

图 10-5 《湖北日报》2023年04月17日头版要闻

2. 杂志封面图片

杂志封面图片和报纸的头版图片一样承担着吸引读者眼球的重任,但杂志的封面图片要求格外多。出于视觉效果的需要,被选为杂志封面的图片要经过大量的修改。有些图片如果在拍摄之初不是作为封面被拍摄的,能修改的余地较少,那么就做不了杂志的封面图。

首先,为了增强图片的视觉冲击力,杂志通常会对封面图片进行大幅度的剪裁,最终获得某个局部的特写。其次,杂志封面上,杂志名通常会放在最上面,且占据版面的20%左右,除了杂志名,还会有杂志内部信息的各种小标题。最后,为了视觉上的美观和艺术性,有时候还会对背景进行修改,如改变背景颜色、提亮背景或人物等。后两点会使杂志封面信息元素多,很考验封面图片主体是否足够突出,不被信息淹没。

《时尚》杂志的封面仅采用了人物面部的特写,在杂志排版时,图片编辑既保证了杂志的基本信息能够展现出来,也没有让人物的图片和文字有冲突,同时,人物面部比背景亮度稍高,明暗对比使得读者能够清晰地感受到模特面部传递出的信息(见图10-6)。

图 10-6 《时尚》杂志封面

二、技术处理

(一)图片剪裁

虽然为了尊重事实,新闻要把最真实的信息传递给大众,图片编辑要尽量保持图片最原始的样子,不要随意修改,但视觉新闻记者拍摄的照片有时候不可以避免地会有一些缺陷,而剪裁正是一种可以在一定程度上弥补这些缺陷的编辑手段。在不破坏主题思想和画面完整的前提下,适当地剪裁图片,可以有以下两点好处。

第一,弥补拍摄距离的不足,让主体看起来更鲜明。当视觉新闻记者因为拍摄站位离拍摄对象太远,导致拍摄对象在图片中太小,主体地位不突出时,一般会通过剪裁放大拍摄对象,让主体在画面中更突出。

第二,弥补现场取景时的构图不足,让画面看起来更美观。在新闻采访现场,通常被采访对象一出现,就会有很多记者一拥而上。视觉新闻记者如果不能挤到最前面,就很容易把无关的人或物拍进来,如其他记者的相机、话筒等,造成构图混乱。为了让画面更干净,主体更突出,后期编辑图片时会把一些不相关的入镜人或物剪裁掉。

需要注意的是,有利于信息更真实、有效传播的剪裁是允许的,但一定要避免恶意剪裁,如剪裁掉图片中的关键部分,改变照片的含义;也要避免剪裁掉人物的手脚等,让读者误以为人物肢体残缺;为了填补版面,将照片剪裁成需要的模样的做法也尽量避免。

(二)图片剪裁的方法

第一,通过改变图片的形状来改变视觉中心,比如,把照片剪裁成横长条或竖长条。根据传递信息的需要,改变图片的形状可能会产生不一样的视觉冲击力,营造出更戏剧性的效果。

图 10-7 中大家的视觉中心在右边的大人和小孩。图 10-8 在图 10-7 的基础上将图片剪裁成了横长条。剪裁后的图中,摔倒的小孩作为主体更突出了。同时,图 10-8 的大人和小孩只出现了轮滑鞋和腿,跟摔倒的小孩形成鲜明的对比,让人更加注意摔倒的小孩。

图 10-7　原图

图 10-8　修改后的图片

第二,通过剪裁去掉照片中的干扰元素,让主体更加突出。新闻采访现场通常比较混乱,尤其在采访一些重大社会事件时,各家记者一涌而上,现场情况难以预测。视觉新闻记者很难在完全准备好的情况下拍摄出完美的照片。照片中拍进一些干扰物和不相关的人是不可避免的。在后期编辑图片的时候可以将不必要的干扰元素剪裁掉,让主体更鲜明。

第三,推翻一张图片原来的构图格局,从中分割,改变主体,剪裁成全新的图片。当一张照片从整体上找不到亮点时,可以通过这种方法截取其中的一部分,说不定可以获得更一张全新的更有力度感和趣味性的照片。

下面两张图片中,图10-10是在图10-9的基础上剪裁而来的。单看图10-9就是张很普通的妈妈与女儿的照片。经剪裁后,图片的主体就只有小女孩,读者很容易感受到小女孩眼里透出的童真。

图10-9 原图　　　　　　　　　　　　图10-10 修改后的图片

除了以上这些常用的剪裁方式,还有其他的剪裁方式。如摄影师在拍摄时相机没有与水平保持垂直,导致拍摄的物体和人物是歪的,可以通过适当的剪裁调整图片角度。或者为了突出主体的位置,会将主体从图片中"抠"出来,换一个单纯的背景。通常官方的媒体平台较少采用这种方法,互联网平台上的自媒体或娱乐媒体为了吸引读者注意力,采用这种方法比较多。

资源拓展

对于摄影中的伦理问题,人们一直存在争议,这也是摄影界的一个伦理困境。1993年南非裔视觉新闻记者凯文·卡特(Kevin Carter)拍摄的《饥饿的苏丹》获得1994年普利策特写性新闻奖(见图10-11)。照片中一位瘦成皮包骨的小女孩在去往救助中心的路上因极度饥饿跪倒在地上,不远处一只硕大的秃鹫正把小女孩当成猎物,等待着合适的时机上前捕食。当时视觉新闻记者卡特就在现场,他没有立马救助小女孩,而是在一旁等秃鹫张开双翅捕食,好拍摄震撼的画面。而为了这一幕,他等了20分钟,才上前赶走秃鹫。这张照片一经公布,就在全球引起了轩然大波。一方面,照片的强大冲击力,引起了大众对非洲饥饿问题的关注,另一方面,卡特的做法也引起了很大的争议,一些受众批评他为了拍摄,见死不救,从而引发了一场关于伦理道德的声讨。毫无疑问,这种类型的图片涉及的内容比较敏感,画面有视觉冲击力,某种程度上能唤起公众对某个社会热点问题或国际难题的关注,但在拍摄过程中难免涉及一些伦理道德方面的问题,所以一直都是人们争论不休的问题。

图 10-11 《饥饿的苏丹》
凯文·卡特 摄

第三节 视觉新闻版面设计

知识要点

1. 视觉新闻版面设计要遵循的原则;
2. 视觉新闻版面设计时处理图片的方法。

视觉新闻版面设计能给读者留下第一对象,对于媒体平台来说,好的视觉新闻版面设计不仅能更好地传递信息,还能吸引读者的注意力。在如今这个"读图时代",图片作为视觉新闻版面设计中的主要因素,重要性更是不言而喻。我们在进行视觉新闻版面设计时要遵循一些基本原则,除此之外,还要考量图片的大小、图文关系,以及多图组合的方式。

一、视觉新闻版面设计原则

图片是版面中最容易被读者注意的部分,因此在设计版面时,尤其要注意图片的处理工作,一方面要让图片发挥高效传播信息的优点,另一方面要让图片和图片之间、图片和文字之间、图片和整体版面之间协调。

第一,图片要突出报道主题。版面设计是为内容服务的,其最终目的是把信息有效地传递给读者。图片能够较好地吸引读者关注报道内容。为了让图片更好地发挥视觉效果,突出主题,在版面设计时可以将最有冲击力的图片放在版面上方,因为读者的阅读习惯通常是从上往下,把图片放在最上面,可以最大限度地吸引读者注意力。这一原则也是《泰晤士报》一直坚持且践行的。同时,还要注意不要把版面处理得过于花哨,这样会转移和分散读者的注意力。

第二,图片要营造视觉冲击力。没有个性的版面,就像毫无特色的面孔,让人难以记住。报道如果在版面设计上没有特点,就无法营造视觉冲击力,也无法让读者产生进一步了解的欲望。要营造图片的视觉冲击力,一方面,在选图的时候就选择具有视觉冲击力的图片;另一方面,在版面设计时,巧妙地运用图片排版,如利用图片的大小、形状、色彩在视觉上形成对比。

第三,图片要追求视觉平衡。视觉平衡是视觉新闻版面设计的基本要求。合格的版面设计应该是各组成元素比例协调,达到视觉上的平衡。达·芬奇认为,美感完全建立在各部分之间神圣的比例关系上。版面各元素比例处理得当,才能达到版面的视觉平衡。实现版面视觉平衡有两种方法。第一种是静态平衡,即所有的图片在视觉上都是对等的。这种方法比较保险,但容易使版面呆板。第二种是动态平衡,即将多张大小不一的图片灵活地组合在一起,比如一张细长的图片和一张矮胖的图片或一张横条的图片,下面再加一排小图片。这种方法比较灵活,不仅能实现版面的视觉平衡,还不显得单调,但这种方法比较考验编辑的审美能力。除了图片与图片之间的平衡,还要考虑图片与文字、图片与整体版面之间的平衡。图片在排版中所占比例太大或太小都会让读者产生不协调的感受。

二、视觉新闻版面设计的方法

(一)确定图片大小

媒体版面有限,不可能将每一张图片都放大,图片编辑在排版时要合理分配图片所占的版面。图片编辑在考虑版面图片大小时,不仅要考虑如何安排才能达到最佳视觉效果,还要考虑是否能够充分地将信息传递给读者。

1.何时图片应该放大

图片在版面的大小取决于图片中所含信息的多少和重要性。图片中包含的信息越多,图片越大,才越能看清楚信息。图片编辑在设计版面时尤其要注意,不要将内容丰富的图片调得过小。比如报道大型公共活动时,图片内容通常比较丰富,如果图片所占版面过小,读者只能看到图片中乌泱泱的人群,唯一能接收到的信息就是活动现场有很多人,无法感知图片的细节。图片中包含的细节信息如果很重要,就更要放大,以引起读者关注。

2.何时图片应该调小

虽然放大的图片可以引起读者的注意力,让读者准确地接收图片表达的信息,但并不是所有情况的图片都要放大,下面几种情况可以考虑将图片调小一点。

第一,对于一些技术较差,图片有缺陷,又不得不使用的照片,可以把照片调小,减少读者对它的关注度,同时使细节上的瑕疵不那么明显。

第二,当同一个版面有多张图片时,应该合理分配图片的大小。有些图片在排版上是为了映衬主体,就需要调小,以形成对比,使大图片更突出。此外,当版面上有多张图片时,如果全都一个尺寸,在视觉上会比较呆板,且没有重点,这时候也要将个别图片调小。

(二)图片组合

图片并不总是以单张的形式出现在版面上,很多时候是多张图片组合在一起来共同表达一个中心思想。通常可以通过以下几种方式将多张图片组合在一起。

第一,对比。将两张或者两张以上反差较大、对比强烈的图片组合在一起,运用反差形成视觉上的冲击。

第二,特写镜头补充说明。图片编辑通常会用一张大全景图片交代新闻现场的整体情况,但大全景图片通常只能表现宏观层面的内容,为了补充说明,让细节更丰富,会在旁边再放几张特写镜头。

第三,遵从连续性。对于一些事件性的新闻,通常一张图片只能捕捉整个事件中的一瞬间,这时候就需要用多张前后逻辑顺畅的图片交代事情的前因后果,让读者更完整地了解新闻事实。

(三)版面上的图文关系

图片是非语言符号,读者通过图片获取的信息往往是不全面的,比如只能了解图片上呈现的人物、地点、时间等,而对画面外的一些新闻要素并不清楚。这时候需要文字辅助图片,这样才能让读者更高效地接收新闻信息。此外,对于一些单独发表的图片报道,也需要文字加标题,使新闻图片的主题更突出。

1.图片和文字要协调

大多数人在第一眼看到某个物体时,通常只会注意到一个最突出的元素。同样,版面作为视觉产物,也要注意版面上只设计一个主要视觉元素,否则会显得版面凌乱,失去视觉中心,使读者不能准确接收版面所传达的信息,而对内容失去进一步了解的兴趣。图片编辑要避免图片和文字"打架",扰乱读者视线,分散读者注意力。至于图片和文字的版面关系如何处理,取决于两者的重要程度。如果文字内容更重要,就让文字占主导,比如使用粗体和大号的字,同时适当缩小图片尺寸;如果图片更精彩或呈现的内容更重要,则要弱化文字,放大图片。

当版面想要突出图片,将文字作为补充说明时,应遵循读者从上往下的阅读习惯。读者在浏览新闻时一般会先注意到图片中的主题部分,再将目光向下移动到图片说明,而不是向上移动到标题。因此,文字说明最好放在图片下边或尽可能紧挨着图片。最理想的图文位置关系应该是图片在上方,标题和相关解释性文字放在图片下面。不过也可以将图片放在左边,相关文字说明放在右边,遵循读者从左往右的阅读习惯。如果图片一定要放在文字的右方,那么应该使用框线或色块将图片和文字框在同一个区域内,从视觉上告诉读者两者是一体的。在版面设计中,尤其避免将配图放在文章中间,这样图片会打断读者阅读的连续性,同时图片也没有发挥主体作用。

2.版面编排中常犯的错误

在处理图文关系时,图片编辑常犯以下两种错误。一个是图文分离,这种错误通常出现在成组的图片报道中,表现为图片和文字没有一一对应。比如成组图片先集中展示,最后再统一添加文字说明,这时候读者需要看一张图片,就去文字区找一下文字说明。这对于读者来说很费力,也设置了阅读障碍。另一个是不相干的图文互扰。读者通常是先是被图片吸引,再向下或向右寻找文字说明。如果把不相关的文字和图片上下或左右编排在一起,又不加栏线分隔,就有可能让读者在阅读时产生混乱感。

所以,当图片编辑面临多张图片、多处要加文字说明的情况时,需要划分好板块,适当利用排版工具进行阻隔。比如利用分割线将不同的内容区块进行阻隔,以防图文互扰,或者使用框线将图片和相对应的文字框在一个区域,使其在视觉上更清晰明了。

本章回顾

在当今的"读图时代",图片编辑在媒体的地位越来越高,人们对图片编辑也提出了更高的要求。图片编辑不仅要懂技术,有新闻敏感性,有审美能力,还要有出色的沟通能力。图片编辑在挑选图片时有严格的标准。技术过关是基本要求,内容合适、准确表达主题,给人视觉冲击力也是必不可少的。此外,好的图片还必须符合伦理道德。除了满足以上标准,图片编辑还要根据不同的媒体平台特征,选择适合该平台属性和定位的图片。在选图片时报纸的头版图片、杂志和网络平台的封面图片是重中之重,一定要在第一时间抓住读者的注意力。在对图片进行技术处理时,要利用好剪裁技术,弥补图片的缺陷。在进行视觉新闻版面设计时,要注意所有的设计都是为了更好地发挥增强图片吸引力、诠释主题的作用。图片的文字说明可以帮助读者更好地理解图片,排版时要合理安排图文的位置,不要造成视觉混乱。

关键概念

图片编辑　版面设计

复习与思考

1.为什么说图片编辑除了挑选和编辑照片,还是一位沟通协调者?

2.挑选图片时在技术、内容和伦理上分别有什么要求?

3. 不同类型的媒体在选照片时有什么不同的要求?
4. 在进行版面设计时应该如何处理图片?

单元实训

1. 选择一份自己熟悉的报纸、杂志或数字媒体,根据其风格拍摄并挑选一组照片。
2. 将上面挑选出来的照片进行版面设计。

第三模块 视觉新闻报道技术

DISANMOKUAI

视觉新闻摄影技术 第十一章

本章思维导图

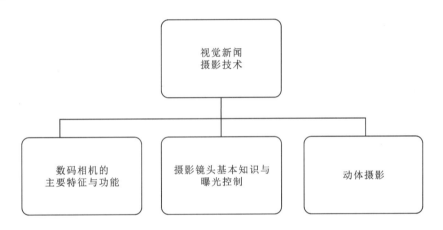

课前导读与体验

当前,单反相机、微单相机、无人机等数码设备是视觉新闻记者在工作中高频使用的数码设备。凭借巧妙的构思、扎实的专业基本功和优良的数码设备,视觉新闻记者可以通过不同技术的交叉组合,创造出别具一格的视觉新闻作品。

在视觉新闻领域中,要想拍摄出有质量、有创意的摄影作品,必须了解摄影镜头和摄影曝光控制的基本知识,包括焦距、视角、光圈、口径、感光度、快门速度和曝光度等,只有了解这些信息,才能对数码相机有一个基本的认识,拍摄出合格的视觉新闻作品。

小问答

1. 数码相机是什么?不同的数码相机是怎样区分的?
2. 不同的相机镜头对成像照片有什么影响?

第一节 数码相机的主要特征与功能

知识要点

1. 数码相机的基本概念；
2. 数码相机的种类；
3. 数码相机的特点。

一、数码相机的概念

数码相机是一种利用电子感测器把光学影像转换成电子数据的照相机，它有别于传统照相机通过光线引起底片上的化学变化来记录图像的方式。

二、数码相机的种类

根据不同的功能、构造与画质，目前较常见的数码相机可分为消费型数码相机（俗称傻瓜相机）、类数码单反相机、数码单反相机、电子式取景可换镜头相机等类型。另外，还有针对极为专业的特殊需求而设计的中型片幅相机。

（一）消费型数码相机

消费类数码相机（见图11-1）以便捷轻巧、操作简便、价格低廉为主要特点。当选择好相机的拍摄模式后，摄影者只要按下快门就可以得到照片。由于几乎所有的拍摄参数都是由

图11-1 消费类数码相机

相机自动判断并决定的,所以在非普通场景下使用时,其导出成片质量会有所下降甚至无法使用,例如搭建特殊灯光的场景中的人物拍摄。由于手机及内置的 AI 相机应用的全民普及,现在消费型数码相机的数量逐渐减少。

(二)类数码单反相机

类数码单反相机(见图 11-2)出现在底片相机的时代,是因应用户消费市场定位而生的产品,目前并没有任何技术规则可以明确定义类数码单反相机的分类方式,但一般被归为类单反相机的产品大多有两种特性:一是无法拆卸和更换相机镜头;二是通常都配备"PASM 模式"的半手动或全手动机身参数调控模式。

图 11-2　类数码单反相机

(三)数码单反相机

数码单反相机(或称数码单镜头反光相机,见图 11-3),是一种将光学元件和单镜头反光相机与数字成像传感器机制组合而成的数码相机。这种相机功能强,拍摄的照片画质高,并且可以更换镜头。在硬件允许的条件下,能够实现自由调整快门、光圈、感光度、曝光等功能,也支持调整对焦点、切换拍摄模式等功能。

图 11-3　数码单反相机

(四)电子式取景可换镜头相机

电子式取景可换镜头相机(见图11-4),也被称作单电相机、微单相机、无反相机、小单眼、微单眼、轻单眼、无反单眼、可换镜头数字相机等。其市场定位虽与类数码单反相机类似,但是改成从数码单反相机方向来做设计。这种相机是一种镜头可以更换的数字相机,于20世纪初逐渐兴起,属于介于消费型数码相机与数码单反相机之间的一种产品。电子式取景可换镜头相机与数码单反相机的不同之处在于,没有使用反光镜与五棱镜的光学观景窗系统来实现取景功能,与类数码单反相机的不同之处在于,可以更换镜头、片幅通常也较大。

图 11-4 电子式取景可换镜头相机

(五)中型片幅相机

中型片幅相机(见图11-5)为单反相机结构,但使用尺寸更大的感光芯片(比全片幅(36×24毫米)更大)。此产品除了有可更换镜头功能外,还有可抽换的数码机背可供选择。人们见到的中型片幅相机,机身部分很可能集合了两家甚至更多厂商的产品。目前中型片

图 11-5 中型片幅相机

幅相机多使用 120 或 220 尺寸格式的感光元件，相对于 135 格式（使用 35 毫米胶片尺寸）的全片幅数码单反相机要大上许多。中型片幅相机价格非常昂贵，目前多为需要大尺寸商业印刷的专业出版者所使用。

三、数码相机摄影的特点

数码相机的摄影有以下特点。

第一，数码相机按下快门直接存储为电子照片，可以进行网络分享，方便快捷，无须像过去传统相机拍摄后那样进行暗房冲洗。

第二，数码相机可以通过存储卡实现超多照片的存储。

第三，数码相机即拍即得，可以立即查看刚拍的照片，如果不满意，可以立刻重拍，整个过程非常迅捷。

第四，数码相机具备多种感光度的选择空间，只需要调整相机按钮或软件设定，就可以改变画面的感光度。

第五，数码摄影可以随意调节并记录任何照度的影像，无须像传统胶片相机一样，由胶卷决定拍摄对象的照度。

第六，由数码相机导出的照片，可以通过电脑进一步编辑修改，进行旋转、裁剪、调整对比、美化等操作，并且可以复原并反复操作。

四、关于数码相机的常见误区

(一)数码相机的像素越高，画质就越好

像素越高并不代表画质越好。例如，同样是 2000 万像素的设备，为什么手机的出片质量不如数码单反相机呢？因为相机设备核心的成像元件是图像传感器——这决定着照片的成像质量，而图像感应器由一个个像素构成（见图 11-6）。

图 11-6　由像素构成的图像感应器

像素的集光能力会在很大程度上影响所捕捉图像信号的品质,对原始图像文件的画质产生关键的影响。像素面积越大,集光能力越强。相同像素数的情况下,像素的大小直接影响图像感应器的高感性能,以及被摄主体层次及质感的表现。手机的图像传感器要比相机小很多,即便手机的像素做到了1亿级别,单个像素的面积依然是非常小的,其集光性能也就远远比不上相机。这也是智能手机虽然像素数很高但成像质量远不如数码相机的原因。

当前,一代又一代的影像产品不断涌入市场,让用户眼花缭乱。其中更不乏以高像素摄影设备标榜自身,企图以"像素数量"混淆"画质"概念的产品营销,实际上其可能仅仅是像素数过关,而画质则并没有多优秀。

(二)变焦越大越好

在选购数码相机的时候,变焦倍数越高越好已成为许多消费者的共识。但是,虽然变焦倍数高可以将远处的景物拉近,成像质量却变低了,导致拍摄的景物灰蒙蒙的,这并不是摄影所追求的效果。其实,数码相机的光学变焦一般在3倍左右,当然,如果想要更好的照片质量,无论光学变焦还是数码变焦,都是变焦倍数越小越好。

(三)相机的功能越多越好

多功能相机在当今市场上越来越多,许多数码相机除了基本的拍摄功能外,还设有很多附加功能,如视频输出功能、数码录像功能、MP3功能、视频录制功能等。许多消费者倾向于选择这种多功能数码相机,事实上,功能多并不代表相机拍摄功能强。

第二节 摄影镜头基本知识

知识要点

1. 焦距与视角的基本概念;
2. 光圈与口径的基本概念;
3. 镜头的种类。

一、焦距与视角

焦距指镜头光学中心的点到镜头焦点之间的距离,它一般以毫米为单位,是镜头的重要性能指标之一。不同镜头的主要区别在于焦距的长短。拍摄远处物体时,使用长焦镜头可以让被摄主体放大，产生拉近镜头的感觉，比如拍摄远处飞鸟时，使用长焦距让飞鸟占满拍摄画面，从而实现拉近放大的效果。

镜头中心点到感光元件对角线两端所形成的夹角就是镜头视角，它以度为单位。在感光元件面积相同的情况下，镜头焦距越短，其视角就越大。

焦距与视角的关系主要以反比的形式存在，即焦距越短，视角就越大，也就越能近距离摄取范围较大的景物；焦距越长，视角就越小，也就越能远距离摄取范围较小的景物。

二、光圈与口径

(一)光圈

光圈(见图 11-7)是相机上用来控制镜头孔径大小的部件，主要用来控制景深、镜头成像素质以及和快门协同控制进光量。

图 11-7　相机光圈

已经制造好的镜头，不能随意改变镜头的直径，但是可以通过在镜头内部加入多边形或者圆形的面积可变的孔状光栅来达到控制镜头通光量的目的，这个装置就叫作光圈。

光圈的大小通常用 F 值表示，光圈 F 值是镜头的焦距除以光圈口径。简单说来，F 值越小，光圈就越大，进光量也越大，景深就越浅。每一只镜头都有某一档光圈的成像质量是最好的，这档光圈就是最佳光圈。一般来说，最佳光圈就是中档光圈，如 F5.6 或 F8，或者是最大光圈缩小 3 到 4 档的光圈值。

(二)口径

镜头的口径又称有效口径或有效孔径，是镜头的最大进光孔径，也是镜头的最大光圈值。镜头口径越大,它的使用性能就越高,在曝光时间不变的情况下,大口径相机可以选择感光度更低的设定,这样整体的成像质量就会得到提升;大口径镜头在现场拍照时,快门速度可以更高,增强手持摄像机的稳定性;同时,镜头口径大,景深范围小,虚实对比会有更为明显的效果。

三、镜头的种类

(一)标准镜头

标准镜头也称为定焦镜头(见图 11-8),常见的有 50 毫米焦距的标准镜头。这种标准镜头的焦距长度,接近其相机所用感光元件画幅对角线的长度,所以感光元件画幅不同的相机,标准镜头焦距也不同。而且,这种标准镜头的视角近似于人眼的正常视角,因此用这种镜头拍摄的照片比较真实自然。此外,这种标准镜头一般是照相机的标配镜头,有效口径较大,作品成像清晰。

图 11-8　标准镜头

(二)广角镜头

广角镜头是一种短焦距的镜头,其焦距短于标准镜头,而视角大于标准镜头。对于 135 单反相机而言,焦距为 30 毫米左右,视角在 70°左右的镜头,可称作广角镜头;焦距短于 22 毫米,视角大于 90°的镜头,可以称为超广角镜头;焦距短于 16 毫米,视角接近或等于 180°,并且前端凸出,形似鱼的眼睛的镜头,一般称为鱼眼镜头。

广角镜头成像视角大,取景范围大,可近距离拍摄比较广阔的场景,如广场、会议厅、山脉、河流、建筑、天空等。广角镜头景深范围大,可以把远近的景物都清晰地拍摄下来,但由于景深范围大、透视感强,所以画面边缘往往会有畸变现象,这在鱼眼镜头中表现得更为明显。

(三)长焦距镜头

长焦距镜头(见图 11-9)又称作远摄镜头,其焦距大于标准镜头,视角则小于标准镜头,用长焦距镜头拍摄的效果,相当于用望远镜观看景物。

图 11-9　长焦距镜头

对 135 单反相机来说,焦距在 85～135 毫米,视角在 18°～28°的镜头,称为中焦镜头。中焦镜头经常用来拍摄人像,因此也被称为人像镜头。焦距在 200～400 毫米、视角在 6°～12°的镜头称为长焦镜头。焦距在 500 毫米以上、视角小于 6°的镜头称为望远镜头或超远摄镜头。

相比标准镜头,长焦距镜头容易拍出虚实对比强烈的景深画面,但画面纵深明显有压缩感,远近比例变小,前后景物被拉近,紧凑感更强。

长焦距镜头不仅体积大,而且重,不易随身携带。随着技术迭代更新和市场需求变化,在保证相似成像质量的前提下,市场上出现了一种反射式望远镜头。这种反射式望远镜头短而粗,由于其光学结构的特殊性,体积小了,重量也更轻,影像画质更高,而且进一步提升了色差的稳定性;但反射式望远镜头也有不足之处,例如索尼 Reflex500mmf/8(重量 665 克,见图 11-10),因为体积较小而只有一档光圈的缺陷,使得该镜头的景深和曝光控制较弱。

图 11-10　索尼 Reflex500mmf/8 镜头

(四)定焦镜头与变焦镜头

顾名思义,定焦镜头即只有一个固定焦距的镜头,这种镜头对焦速度快,成像质量高,口径也大。如果使用定焦镜头拍摄不同的景别,不能对镜头调焦,只能靠摄影师来回走动,通过变化与拍摄目标之间的距离实现想要的景别效果。

而变焦镜头焦距不固定,可在一定范围内自由调整焦距的幅度。它可分为单环推拉式变焦和双环转动式变焦两种类型。与定焦镜头不同的是,变焦镜头可以在摄影师与拍摄目标距离不变的情况下,通过调节镜头焦距的大小,拍摄不同景别的影像。

(五)特殊功能镜头

除了上述四种主要类型的镜头外,为了满足特殊场景的拍摄需求,摄影器材厂商还根据客户需求研制出不同的定制型镜头。

① 柔焦镜头(见图 11-11),即可以使影像光感变得更柔和的镜头,主要用于人像摄影和风光摄影。

② 移轴镜头（见图 11-12），又称透视控制镜头，这种镜头配备了一个手柄，通过转动手柄可以在相机角度和位置不变的情况下进行主光轴平移、倾斜或旋转操作。这种镜头在影视创作中经常被使用。

图 11-11　柔焦镜头

图 11-12　移轴镜头

③ 人像镜头，主要是焦距为 70～135 毫米的镜头，这种镜头拍摄人像可以获得最佳效果，同时也能拍出突出人物主体情况下的小景深镜头。

④ 远摄变焦距镜头，又称增距镜头，这种镜头是一种安装在镜头和照相机之间的光学组件，可以把焦距延长至一定倍数的相机附件。

第三节　曝光控制

知识要点

1. 光的基本知识；
2. 曝光量；
3. 测光模式；
4. 测光方法；
5. 曝光模式。

一、光的基本知识

光是摄影中最基本的元素，也是调整画面形式感的重要手段。所以，摄影师要充分理解光的特征与基本规律，并且在这种规律的指导下创造性地进行拍摄。

光在摄影中的主要作用有以下几点。

第一，光能塑造视觉的基本形态，从而形成视觉上的空间感和色彩感。一般来说，人和动物主要依靠光来判断自然界和人类社会的各种色彩、形态、结构、质感等信息，从而对自身的生存环境形成基本认知。

第二，光能够塑造主体、传达信息。摄影师可以利用光线来表现主体，塑造形态美感，赋予目标对象一定意义。例如，对人物眼神里光的捕捉，能把其神态刻画得入木三分；利用区域光线，能够突出目标主体，聚集画面的重点。在不同光线环境下的同一景物，带给观看者的视觉感受会是完全不同的。由此可见，光能够决定主体如何被塑造、灵魂如何被赋予。

第三，合理利用光能够营造意境、升华主题。光的强弱、大小、方向和色彩变幻无穷，不同光线下拍摄的照片所展现的意境和氛围都不相同，例如太阳光、家中的暖色台灯和KTV里面的暗色线性光，所呈现的氛围感就不一样。在视觉新闻实践中，我们要根据新闻现场条件和主题需要，科学用光、正确曝光，尽可能创造性地利用光线突出主体，使视觉图像得到完美呈现，最大限度地增加新闻信息量。

从视觉新闻的角度讲，视觉新闻记录是在现实时空中进行的，为了更好地拍摄目标对象，视觉新闻记者需要合理地利用光源。在新闻事件中，合理地利用光源可以使摄影作品的视觉表现力更加丰富，风格形式更加多元。但因为光具有特殊性，如何利用好光也成为视觉新闻的难点。

视觉新闻与其他摄影门类相比，更强调新闻性和纪实性。视觉新闻的新闻属性也决定了光线处理的纪实性。影像感应器的像素越来越多，镜头的解析度也越来越高，技术条件的提高让光影的记录变得更加真实细腻。光能够塑造出时空感与立体感，我们可以利用一定的摄影技巧拍摄光，并将其保存为照片。对于视觉新闻记者而言，不仅要在照片中尽可能还原现场真实信息，还要充分利用光源带来的光影瞬间。从这个角度上说，视觉新闻既有主观表达的倾向，又有客观描述的属性。

二、曝光量

在摄影技术中，曝光量是影像平面的照度，明亮程度由光圈决定，而时间长短由快门控制。

手持相机拍摄时，快门速度太慢，会使相机抖动，整张照片会显得模糊不清，要求相机具备防抖功能。在对运动的物体进行拍摄时，快门速度越快，越能清楚地拍摄运动瞬间的画面；快门速度越慢，运动物体的虚化现象就会越明显。

当然，在控制曝光和选择曝光组合时，为了保证拍摄成功，需要考虑拍摄目的需要和表现主题需要，这样才能获得效果更好的照片。

三、曝光控制

影响曝光量的因素主要有三个——光圈、快门速度和感光度。这三个要素也被称为曝光三要素（见图11-13）。

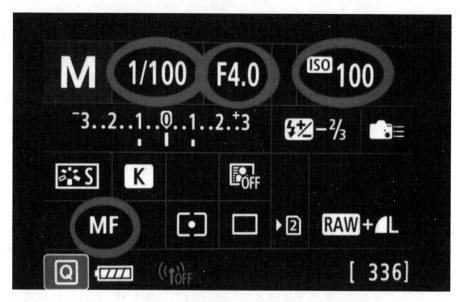

图 11-13　单反相机中的光圈、快门速度、感光度显示效果

曝光和影像清晰度关系紧密,光圈与快门决定了曝光量的多少,因此,曝光量由光圈和快门共同控制。曝光越高,画面亮度就越高;曝光越低,画面亮度就越低。曝光不足或者过度曝光,都会造成照片发生偏色、色彩溢出或色彩不饱和的情况。

(一)光圈(F)

光圈是一个相对数值,用 F 表示,主要用来衡量镜头中孔径的大小,其中 F 的数值与光圈的大小呈反比,即 F 的数值越小,孔径越大,光圈越大,曝光量增多,画面亮度增加;F 的数值越大,孔径越小,光圈越小,曝光量减少,画面亮度减弱。

(二)快门速度

快门速度的快慢也就是曝光时间的长短,单位以秒来表示,在拍摄过程中,可以选择高速快门来进行抓拍,选择慢速快门记录光点轨迹。快门速度快,曝光时间短,画面曝光量降低,画面亮度变暗;快门速度慢,曝光时间长,画面曝光量增加,画面亮度变亮。

(三)感光度(ISO)

感光度是衡量感光元件解析环境中的光线的能力,一般用 ISO 表示。ISO 越高,解析光线能力越强,曝光量增加;ISO 越低,解析光线能力越弱,曝光量减少。不同曝光的照片见图 11-14 至图 11-16。

四、测光模式

测光模式主要包括平均测光、中央重点测光、局部测光和评价测光。

图 11-14　曝光过度,画面过亮

图 11-15　曝光正常,画面清晰

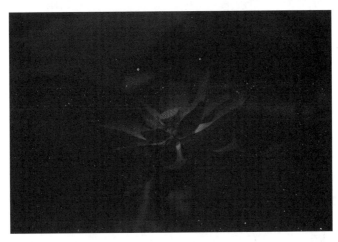

图 11-16　曝光不足,画面过暗

(一)平均测光

数码单反相机平均测光就是对所取景画面中的景物进行平均亮度的测量。当取景画面局部过亮或过暗时,平均测光就会出现明显的偏差,会导致曝光不足或曝光过度。

(二)中央重点测光

中央重点测光又称中央重点加权平均测光、偏重中央平均测光、侧重中央式测光、偏重中心平均测光等,是一种传统的测光方式。大部分数码单反相机的默认测光系统为中央重点测光,这种测光模式的算法是重点观测画面中央2/3左右的位置,并对周围区域进行适当的考虑。中央部分的测光值对最终测光值的影响较大,因为中央重点测光方式的中央加权系数比较大。这种测光方式可以兼顾被摄主体与周围景物的亮度,因此具有较高的测光精度来测量目标对象,特别适合拍摄风景和人物。不过,对于亮度不均或光线反差过大的目标对象来说,这样的测光方式会造成曝光不足或曝光过度。

(三)局部测光

局部测光又称区域测光或点测光,仅对画面中央小区域的景物进行亮度测量,并以此作为测光数据和自动曝光的依据。这个中央小区域不到画面的10%,却占据了整个测光比例的90%左右。有些高端相机的点测光以自动对焦点为中心,在较窄的范围内测光,对焦点可以不在画面的中心,这种功能也称为"点测联动",即对焦点即测光点。使用这种模式,就算是在逆光条件下拍摄人物,也能有效地聚焦人的面部,并获得合适的曝光值。由于这类测光模式的范围较小,因此在使用时也要严谨,稍有疏忽就会导致画面呈现明显的曝光不足或曝光过度的效果。

(四)评价测光

评价测光又称分割测光、矩阵测光、多分区测光。它将取景画面分割为若干个测光区域,分别对各区域进行测光后,再进行整体整合加权,并得出一个测光值总和。评价测光是目前最智能、最先进的一种测光模式,主要指摄影设备会通过模拟人脑的方式,对遇到复杂光照情况进行一种智能判断,这是目前最智能、最先进的一种测光模式。即使是不熟悉测光的人,也能通过这种方式获得曝光相对准确的照片。这种测光模式在拍摄顺光、光照相对均匀的场景时效果最佳,因此对于拍摄大场景尤其适合,比如典礼、仪式、会议、集体合影等。

五、测光方法

测光方法主要包括皮肤代测法、灰卡代测法、长焦镜头法、亮部测光法和暗部测光法。

(一)皮肤代测法

黄种人皮肤的反光率大约在18%,在拍摄之前,摄影师可以在确保手背的受光条件和被摄主体面部受光条件相同的情况下,用自己手背的皮肤充满整个取景框,代替拍摄对象,以调整并获取正确的曝光值。

(二)灰卡代测法

灰卡的反光率就是18%,用灰卡代测比用人的手背代测更精确,具体操作方法与皮肤代测法相同。

(三)长焦镜头法

如果没有灰卡,拍摄时距离景物又比较远,难以靠近,可利用长焦距镜头或变焦镜头的长焦距来测量被摄对象中的中性灰部位。在测光时也要将接近中性灰的部位充满画面,然后再重新变焦取景,调整曝光参数。

(四)亮部测光法

亮部测光法即亮部优先的测光方法,目的是保证被摄景物亮部细节有很好的呈现。亮部测光法主要是让目标对象需要重点呈现的最亮部位充满取景框,测出曝光数据,再增加一至三档曝光量,这样就能够让景物亮部细节得到较好的呈现。

(五)暗部测光法

暗部测光法即暗部优先的测光方法,主要让目标对象需要重点展现的最暗部位充满取景框,测出曝光数据,再减少一至三档曝光量,这样就能够让景物暗部细节得到较好的呈现。

六、曝光模式

曝光模式主要分为自动模式、人像模式、风景模式、微距模式、运动模式、夜景人像模式、闪光关闭模式、光圈优先自动曝光模式、快门优先自动曝光模式、程序自动曝光模式和手动曝光模式。

(一)自动模式

自动模式也称"全自动模式"。选择这种模式时,相机会自动设定光圈、快门、感光度、白平衡等值,摄影师只需选择单幅拍摄或连拍方式、图像大小、照片格式等。闪光灯也会在光线不够充足的情况下自动开启。如果不需要开启闪光灯,摄影师也可以手动关闭。自动模式的好处在于,摄影师可以专注拍摄、捕捉瞬间。

(二)人像模式

人像模式常用一个女性图标作为标识(见图11-17)。在使用人像模式时,相机会自动将光圈设定为镜头能选取的最大光圈,并使用大光圈来控制景深,虚化背景,突出人物主体形象。同时,人像模式也会自动调整影像色调,让肌肤更加细腻柔和,让人物皮肤看起来更白嫩红润。

(三)风景模式

风景模式常用山脉图标作为标识(见图11-18)。在使用风景模式时,相机会自动把光圈调小,这样可以得到更大的景深范围。在画质上,风景模式能自动提升锐度,增强细节部分的表现,还能强化绿、红、蓝等色调,让天空更蓝、草地和树叶更绿。虽然风景模式采用的是小光圈,但是相机会自动调整感光度,匹配更合适的快门速度。如果相机自动设定的快门速度较低,在黄昏等光线不足的情况下拍摄容易产生抖动,最好配合三脚架使用。

图 11-17　人像模式显示标识

图 11-18　风景模式显示标识

(四)微距模式

微距模式常用一朵小花的图标作为标识(见图11-19),主要用于拍摄微小的被摄对象,如花草、昆虫等,应用广泛。在使用微距模式时,需要摄影师离目标对象距离较近。同时,相机光圈会自动缩小,以避免焦点不实。这样的设定可以利用景深对背景进行虚化处理,凸显目标主体。手持相机拍摄时,感光度、快门速度的设定相对较高,以减少画面的抖动程度。如果光线较弱或阴影较重,相机还会自动打开闪光灯。

(五)运动模式

运动模式常用跑动中的人的图标作为标识(见图11-20),主要用来拍摄飞鸟、飞虫、运动中的人等对象。在采用运动模式时,相机通常会使用自动对焦功能,持续追踪并对焦运动中的目标对象。同时,相机还会自动设定更高的感光度,从而获得更快的快门速度,将目标对象的运动瞬间定格。拍摄这类运动镜头,摄影师一般都会使用具有防抖功能的长焦镜头,这样才能保证产出合格的质量稳定的运动照片。

图 11-19　微距模式显示标识

图 11-20　运动模式显示标识

(六)夜景人像模式

夜景人像模式常用人像和星星的组合图形作为标识(见图11-21),这种模式本质上就是

"闪光灯+慢门"的组合使用。为了获得更多的现场光源、防止抖动,相机通常会使用慢门和自动模式的感光度,从而保证快门速度快速匹配。为了能够在昏暗的情况下精确对焦,闪光灯会发出比手动对焦精度更强的自动对焦辅助光。为避免快门速度过慢而产生抖动,一般需要摄影师使用三脚架辅助拍摄。此外,夜景人像模式的重点在于突出人物,光圈开到很大,背景容易模糊,如果不想虚化背景,可以使用广角镜头进行拍摄。

(七)闪光关闭模式

闪光关闭模式常用闪光灯禁止图标作为标识(见图 11-22)。采用这种模式时,其他功能都由相机自动设置,但闪光灯始终处于关闭状态。所以,不论摄影师怎样操作,或者周围环境多黑暗,都不会破坏拍摄现场气氛,因而该模式常被用来拍摄音乐会、艺术展览或博物馆等光线较暗的场景。

图 11-21　夜景人像模式显示标识

图 11-22　闪光关闭模式显示标识

(八)光圈优先自动曝光模式

光圈优先自动曝光模式简称光圈优先模式或 AV 模式。使用该模式能够保证对景深的控制,保证主体突出和背景的虚化处理。摄影师选择光圈大小之后,相机再根据测量到的现场光线条件,自动进行感光度和快门速度设定。当然,摄影师也可以对感光度进行手动设置,然后由相机自动选择快门速度,从而实现精确曝光。

在拍摄人像时,我们一般采用光圈优先自动曝光模式来获得大光圈使背景虚化、主体突出。在拍摄风景图片时,我们往往采用光圈优先自动曝光模式获得小光圈,这样景深的范围比较广,可以使远处和近处的景物都较为清晰。

在光圈优先自动曝光模式下使用小光圈拍摄的自然风光,画面有足够大的景深,层次被表现得很好(见图 11-23)。

(九)快门优先自动曝光模式

快门优先自动曝光模式简称快门优先模式或 TV 模式。使用该模式可以清晰地抓拍动体摄影或体育摄影,例如快速行走的路人、行驶中的车辆、飞鸟、飞虫、体育现场比赛、河流溪流等。如图 11-24 所示,快门优先自动曝光模式可以将溪流拍出如丝般柔顺的效果。

使用这种模式时,首先需要摄影师设定快门速度,然后由相机根据现场光线情况,自动设定感光度和光圈。当然,也可以手动设置感光度,再由相机自动设定光圈,从而实现准确曝光。

图 11-23　采用光圈优先自动曝光模式拍摄风景

图 11-24　快门优先自动曝光模式拍摄效果

(十)程序自动曝光模式

使用程序自动曝光模式时,相机能根据测光系统所测得的被摄画面的曝光值,按照厂家生产时所设定的快门及光圈曝光组合,自动地设定快门速度和光圈大小。对于初学者来说,这种拍摄模式使拍照变得更加方便快捷。在正常的光线下,程序自动曝光模式是很实用的,能应付绝大多数题材的拍摄(见图 11-25)。

另外,程序自动曝光模式还可以设置感光度、曝光补偿和白平衡等参数,增强了摄影师在拍摄时对某些方面的主观控制,如增加感光度或曝光补偿来修正曝光、调整白平衡获得理想的色彩效果等。但是由于程序自动曝光模式不能主观控制光圈大小和快门速度,所以在画面景深和运动物体的虚实等方面未必能达到理想的效果。

图 11-25　程序自动曝光模式用于日常拍摄

(十一)手动曝光模式

手动曝光是数码单反相机都会有的拍摄模式,即光圈大小、快门速度、感光度设定都是摄影师根据拍摄经验、被摄主体特点、预期表现效果等进行手动选择。手动曝光模式可以充分发挥摄影师的主观能动性、创造力和想象力。当然,手动曝光模式需要摄影师不断实践和累积,才能拍出更优秀的摄影作品。毋庸置疑,如果能对相机的各种操作和功能了然于胸,对各种拍摄题材、不同拍摄对象驾轻就熟,摄影师能够通过这种个性化的拍摄模式,创作出具有强烈个人风格的摄影作品。

第四节　动体摄影

知识要点

1. 动体摄影的概念;
2. 动体摄影的基本方法。

一、动体摄影的概念

动体摄影也叫追焦摄影,顾名思义这是拍摄运动着的物体,利用相机的参数设置和特定的拍摄方法把主体拍清楚,而把背景或其他物体虚化成带有动感效果的一种拍摄手法。

体育视觉新闻中,视觉新闻记者面对的拍摄对象时常处于运动状态,如何拍摄好动体,是视觉新闻记者面临的现实课题。动体摄影是用静止的照片去体现运动的美感,用瞬间的画面去记录运动的过程,并且在相对静止和凝固的照片中,表现绝对的运动。除体育视觉新闻以外,在舞台摄影、动物摄影领域也需要广泛运用动体摄影技巧。

二、动体摄影的基本方法

要想拍好动体摄影作品,必须把握好地点选择、相机的参数设置、拍摄跟踪与对焦。

首先,视觉新闻记者需要找到一个合适的场景进行景深式拍摄,要保证画面的被摄主体与背景有主次之分、有鲜明对比。如果拍摄路面上有正在快速行驶的汽车和正在骑行的人,那么把背景选择为路边的绿植和建筑物则是比较理想的构图方式。

其次,拍摄动体照片,需要在相机的参数设置上下功夫,最好是采用快门优先自动曝光模式,对焦方式设为连续自动对焦,并且开启高速连拍功能。因为目标对象是运动着的物体,所以要根据主体的移动速度控制好相机的拍摄速度,大约是 1/30 秒到 1/60 秒之间,速度太快则背景虚化不好,速度太慢则会导致画面模糊不清。一般来说,拍摄动体照片,需要从主体进入设定的角度开始按动快门,直到目标对象离开视线范围为止。

最后,需要采用同速同向平移相机的方式跟拍动体,拍摄时还要保证相机的平稳,避免拍摄出画面模糊的废片。换句话说,就是相机的镜头要随着目标对象移动轨迹平行移动,并且构图与速度要保持一致,即取景器的目标对象处于一个相对静止的状态,而他的背景则处于一种相对运动的状态。

三、稳定画面的基本方法

拍摄时保持稳定是获得清晰照片的基础,但是保持稳定也不是一件容易的事情。一些初学者在手持相机拍摄景物时,往往会在相机曝光的瞬间产生抖动导致拍出的图片模糊不清,甚至出现重影。下面介绍两种常用的保持相机稳定、避免画面模糊的技巧。

(一)使用三脚架稳定画面

使用三脚架是最简单的保持画面稳定的方法,在弱光或使用长焦端拍摄时使用三脚架(见图 11-26),可以保证画面的稳定。在使用三脚架时,一定要支稳,三脚架各接环要拧紧,以防松动(见图 11-27)。

图 11-26　摄影三脚架

图 11-27　使用三脚架进行摄影

（二）保持正确的拍摄姿势

避免抖动而得到清晰画面的关键，一般在于采用正确的姿势进行摄影，这不仅包括拍摄时身体的姿势，还包括手持相机的姿势。手持数码单反相机时要用双手，用右手握住相机快门的一端，将右手大拇指放在相机背后，如果相机有大拇指槽，就把大拇指压在大拇指槽上，中指、无名指、小指依次置于相机前下方，食指自然置于快门按钮上，左手用手掌稳稳地握住镜头，同时使用左手拇指、食指、中指操作对焦和变焦拨环（见图11-28）。

图11-28　手持相机的姿势

站立拍摄时，我们需要用双手抓紧相机，同时要放松肩膀。这时候，一般用左手托住相机，提升拍摄画面的稳定性，同时双腿要自然分立，一般与肩同宽，脚尖可稍微向外分开，以维持站立时的身体平衡。

蹲下拍摄时，要保持左脚在前、右脚在后的姿势。同样地，左手托住相机，左肘依靠左腿增强稳定性。一般在蹲拍时，容易产生晃动，所以蹲的姿势一定要稳。

趴下拍摄时，身体要正卧，双肘分开一定的角度支撑在地面上，头与上身微微向上抬起。

竖着拍的时候右手把相机竖起来，左手在下面稳稳地把相机托住，两腿要自然分开，一般与肩同宽。

利用环境物体进行拍摄时，借助拍摄环境进行合理的支撑，可以起到良好的防震作用。比如把身体靠在墙壁或柱子上会让手臂更稳固，在拍摄现场也可以就地取材，借助石头、栏杆、树干、墙壁等固定物体，把身体和机器牢牢撑起来。

本章回顾

本章主要介绍了相机的构造和使用，以及光线、曝光、快门速度、感光度等基本概念。在此基础上阐述了拍摄技巧（如构图、角度、景深、对焦等）、新闻摄影原则、图片编辑等内容，以让学生能够通过视觉新闻更加深刻地表现故事，同时使视觉新闻作品更具新闻价值和视觉冲击力。

视觉新闻记者不仅要通过学习摄影技术,进一步增强发现新闻、表达新闻的能力,还要通过摄影技术训练一双"新闻眼",更好地记录新闻事件和故事,用照片传达信息和情感。除了拍摄照片,视觉新闻记者还可以利用摄影技能制作视频、录制音频、设计图表和图形等,以提升报道效果。

关键概念

镜头　测光方法　曝光模式

复习与思考

1. 什么是数码相机?
2. 数码相机具有哪些特点?有哪些种类?
3. 不同的摄影镜头有哪些特点?
4. 如何理解曝光和影像的关系?
5. 在不同的环境中,如何正确选择拍摄模式?
6. 如何进行动体摄影?

单元实训

1. 尝试拍摄能显示你所在城市特色的专题照片。
2. 尝试采用不同的相机拍摄模式,拍摄一组同一目标对象的动体摄影照片,并具体分析由此形成的不同的拍摄效果。

摄影构图的基本知识　第十二章

本章思维导图

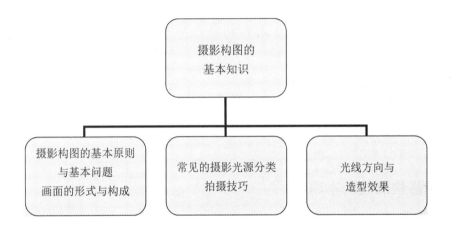

课前导读与体验

视觉新闻是一种独特的艺术形式，它通过拍摄各种真实的影像来记录人们的生活。近年来，随着网络技术的进步和传播方式的改变，视觉新闻越来越受到观众的喜爱。

要想成功拍摄高质量的新闻照片，需要注意以下几点。第一，选择合适的角度。使用广角镜头拍摄风景可以更好地展示景物，而拍摄人像则通常使用微距镜头或中长焦镜头，以更好地捕捉人物脸部或全身细节。第二，抓拍瞬间。在某些情况下，对瞬间的抓拍会有意想不到的收获，所以不是必须等到完美构图或者后期处理时再开始拍摄。第三，构图时要考虑光线。光线是影响摄影作品质量最重要的因素之一。使用不同类型的拍照模式时，光圈的大小将决定曝光时间，而快门速度则对闪光效果产生直接影响。第四，注意色彩搭配。为了使照片画面协调舒适，还必须注意与之相关的颜色，尤其是为画面添加文字信息时，要确保它们呈现出正确的色调。

小问答

1. 如何进行视觉新闻的拍摄?
2. 怎样拍出优秀的视觉新闻作品?

第一节 摄影构图的基本知识

知识要点

1. 摄影构图的基本原则;
2. 取景时要注意的基本问题;
3. 画面的形式与构成。

一、摄影构图的基本原则

(一)突出拍摄画面主体

在摄影的过程中,应注意对拍摄照片的主次与重点进行把握,拍摄前要明确照片所表达的内容,而这也是确定主体的过程。在这个过程中,主体是必不可少的,而且必须注意主次分明,这样才能突出画面的意趣和思想。如果主体与背景过于接近,两者容易混淆,照片的重心也会被分散。还要注意主体在画面中占的比例要适当。如果主体太小,主体不明显,容易被忽略;如果主体太大,则会使画面局促,显得不够自然。

(二)确保整体画面简洁

摄影构图最基本的原则就是简洁,杂乱的背景会干扰主体的拍摄效果,因此在拍摄时,必须确保图片中没有冗余或者杂乱的内容。需要注意的是,这里摄影构图的画面简洁还要求摄影师针对拍摄场景的特点,在考虑诸多因素的前提下,进行合理的设置,让主体突出,实现画面简洁的视觉效果。一般情况下,可以在拍摄时采用调整角度、拍摄时间等方法来精简背景,突出主体。

(三)保持画面平衡

画面平衡是指画面的基本视觉元素,如色彩、造型、曲线、纹理等,通过摄影师的综合提炼,实现画面结构的平衡。平衡是画面结构的基本特点,也是人们表达思想与感情的主要手法。在创作过程中,摄影师要针对不同的摄影体裁、拍摄场地等信息做出合理的结构布置,使所有元素和谐统一,从而使照片更加美观。①

二、取景时要注意的基本问题

(一)拍摄距离

拍摄距离的远近对主体与环境的变化有巨大的影响。在摄影出现后的很长一段时间里,相机镜头都只有一个固定焦距,镜框的大小完全由拍摄距离来决定。如果想要全景、长镜头或其他更大的场景,需要摄影师远离被摄主体;如果想捕捉细节,如特写和大特写,需要摄影师接近被摄主体。

被摄主体和画面在屏幕构架结构中所呈现的大小和范围称为景别,不同的景别可以引起观众不同的心理反应。人们通常把景别分为五种,即远景、全景、中景、近景和特写(见图12-1)。

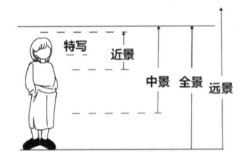

图 12-1　五种景别的取景范围

1.远景

远景拍摄距离最远,是摄影师能捕捉到的最大场景。远景视野深远、宽阔,主要表现地理环境、自然风貌和开阔的场景或场面。远景主要用来表现辽阔深远的背景和渺茫宏大的自然景观,像茫茫的群山、浩瀚的海洋、无垠的草原等。

在远景画面中没有具体的主体与陪体的区分,表现的是一种整体的效果。也可以说,在远景画面中,每一部分都是主体,表现力度是一样的,没有主次之分(见图12-2)。

---

① 关金微,张进红,张晓光.探究摄影构图技巧[J].旅游与摄影,2021(20):113-114.

图 12-2 《平行世界》

米哈尔·卡兹(Michal Karcz) 摄

2. 全景

全景的范围仅次于远景,摄影师在拍摄距离上更接近被摄主体,一般表现人物全身形象或某一具体场景全貌。全景画面以主体存在为前提,全景的概念是相对画面的主体而言的,可以是人的全景,可以是物的全景,还可以是人与物一起的全景。无论是哪一种,要想用全景来进行表达,都要处理好画面中主体与周围环境的关系,二者之间不能顾一样丢一样,要相互配合、相互补充,更好地进行画面的表达(见图 12-3)。

图 12-3 《在街上,警察》

罗伯特·巴洛塔斯(Robert Burroughs) 摄

3. 中景

中景拍摄时,主体会大部分出现在画面中。以人物全身参考为例,中景是表现拍摄人物膝盖以上部分或场景局部的画面。中景重点表现对象是主体本身,也可以在一定意义上解释主体与环境之间的关系,但主体本身应该被视为表达对象,环境只是对主体的解释和烘托,起到注解的作用,并非表达的主要对象。

在视觉新闻中,可以用中景来表现新闻人物,即以新闻人物为主要表现对象,同时简单描述他们的典型生活或工作环境,从而增加新闻人物照片的信息量。中景更适合表现动作和情节。

相比于远景和全景,中景在视觉新闻中运用更多,因为它既能突出被摄主体,又能恰当地表现环境,符合视觉新闻的信息原则(见图12-4)。

图12-4 《皮影戏》
马克·曼恩(Mal McCann)摄

4. 近景

近景的表达对象是主体本身。在近景的画面中,通常没有陪体,也没有前景、背景,只存在主体本身。以人物全身参考为例,近景是表达成年人胸部以上部分或物体局部的画面,它更容易表达人物面部神态和情绪、刻画人物性格,展现人物的内心世界。

近景的主要表达对象就是新闻主体本身,不考虑其他因素,画面简洁集中,主体形象充实饱满(见图12-5)。

5. 特写

从距离来看,特写是离拍摄画面最近的位置,能够突出主体局部细节、强化内容,产生强烈的视觉效果。

图 12-5 《阿富汗女孩》
史蒂文·麦柯里(Steve McCurry)摄

以人物全身参考为例,特写一般表现成年人肩部以上的头像或某些被摄对象细部的画面,如人的眼睛、手等,但不局限于此,与新闻有关的物体,只要需要,都可以用特写来表现(见图 12-6)。

图 12-6 《一位年轻女士的肖像》
穆拉特·哈曼利克里(Murat Harmanlikli)摄

在视觉新闻中,特写的视觉新闻图片,是指对人物或事物的局部面貌进行详细描述的图片,特写从特征部位和角度对事物进行揭示,使读者对新闻人物或事物有详细的了解和深刻的认识。

特写视觉新闻的广泛运用,有助于加强视觉新闻的揭露性。特写视觉新闻的特殊视觉效果能够给读者强烈的心理感受,让读者产生强烈的印象。

(二)拍摄高度

日常生活中我们最常见的观看角度是平视——拍摄时称为"眼平取景"。当我们看照片时,会觉得平视拍摄的角度是最舒适自然的,这是长期的视觉经验形成的一种视觉心理。因此,在拍摄时,相机镜头的高度最好与要拍摄的景物高度一致,达到水平的视觉效果。三种拍摄高度如图12-7所示。例如,在拍摄儿童时,尽量下蹲或弯腰,相机与儿童的眼睛高度持平;在拍摄高楼大厦时,尽量找一个较高的拍摄点,以拍摄出水平视野的视觉效果。被摄主体的图像在仰拍和俯拍时都会发生一定程度的扭曲。除非有特殊需要,否则要避免自上而下或自下而上的拍摄角度。

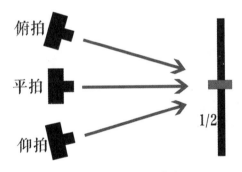

图 12-7　三种拍摄高度

1.水平视角

水平视角是人们最常用的拍摄视角。采用这种拍摄视角时,相机与被摄主体位于同一水平线,符合人们的视觉习惯,容易使人们在心理上产生认同感和亲切感(见图12-8)。

图 12-8　水平视角拍摄作品

这种拍摄高度很适合用来如实表现事物的情况。如果被摄主体的高度与摄影师身高相当,那么摄影师站直,将相机放在胸部与头部之间拍摄最好;如果被摄主体高于或低于摄影师身高,那么摄影师就应该根据被摄主体的高度,随时调整相机高度和身体姿势。

2.仰角

日常生活中,人们只有在仰望天空或高于自己的景物时,才会抬起头去看。仰视的结果通常是将景物的"高大"形象进一步夸大,会出现近大远小的画面变形。用仰角拍摄的场景,如果离相机较近,会显得画面又宽又大;如果离镜头较远,就显得画面又窄又小,随着距离的增加,景物两侧的线条向内收拢,这是仰角引起的画面变形。

只有在有必要夸大拍摄对象的高度时,才使用仰角拍摄(见图 12-9)。视觉新闻应尽量用小仰角拍摄,因为图像的变形会引起新闻信息的改变。

图 12-9 仰角拍摄作品

3.俯角

日常生活中,人们向下看主要是出于走路安全的需要。此外,人们在看下面的物体或比自己小的物体时,也往往会俯视。俯角与仰角的视觉效果正好相反,俯角能使景物看起来更加矮小(见图 12-10)。

视觉新闻中经常使用俯角来拍摄大的场景,这是因为俯角可以获得更大的取景范围。由于俯角也会使图片发生变形,所以在视觉新闻中也需慎重使用。

(三)拍摄方向

正所谓"横看成岭侧成峰,远近高低各不同",从不同方向看同一景物,会感受到不同的视觉效果。在拍摄时,不仅要考虑拍摄距离和高度对被摄个体的影响,还要不断调整拍摄方向,找到最佳的最能体现被摄个体特点的机位。

拍摄方向是指相机位置以被摄主体为中心,在同一水平线上于被摄主体四周选择多个拍摄点(见图 12-11)。根据改变方向所产生的不同拍摄效果,拍摄方向可分为正面、侧面、斜侧面和背面四种。

图 12-10 《被遗忘之心的天堂》

安东尼奥·阿拉贡·雷农西奥（Antonio Aragon Renuncio）摄

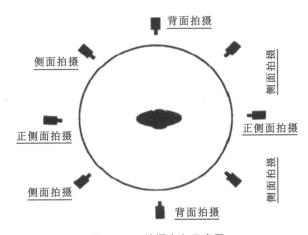

图 12-11 拍摄方向示意图

1. 正面拍摄

正面拍摄时，摄像机镜头在被摄主体的正前方，并与被摄人物的视线或物体的朝向基本呈一条直线，能表现被摄主体的正面全貌，给人一目了然的感觉。正面拍摄适合表现质朴、安静、严肃、庄重的主题。

虽然正面拍摄的场景能使主体表现得全面、完整，但画面往往是沉闷、死板、缺乏变化的。比如在拍摄人物时，正面镜头会把人物的面部展现得过于扁平，暴露人物面部的一些缺陷，使画面缺乏立体感。因此，在拍摄时要注意主体与背景的色彩搭配或对比、主体与陪体位置的变化，以及光线等影响因素，避免画面僵硬，使主体表现得更加生动立体。

2. 侧面拍摄

侧面拍摄是指被摄主体的正面视线与摄像机镜头呈 90°。侧面拍摄有利于表现被摄主体的运动姿态及富有变化的轮廓线条。在拍摄实践中,侧面拍摄可以使画面有立体感和空间感,变化更丰富。从侧面拍摄人像,人物脸部的线条感和立体感会得到更好的表现,人物形象更生动,画面更有表现力。

3. 斜侧面拍摄

斜侧面拍摄即既拍摄正面部分又拍摄侧面部分。从斜侧角度拍摄的画面,利于展现拍摄景物的立体感、空间感,使被摄主体产生明显的形体变化。斜侧面也分为前斜侧面和背斜侧面(也称反侧面)。前斜侧面是指摄像机位于被摄主体正面和侧面之间;背斜侧面是指摄像机位于被摄主体背面和侧面之间。

在视觉新闻中,前斜侧面运用较多,它能同时表现被摄主体的正面和侧面特征,使画面更加生动丰富。在拍摄人物时,采用前斜侧面拍摄,既能展现人物的主体形象,又能展现人物身体和脸部线条轮廓,避免正面拍摄容易暴露的脸宽、体胖等问题。

在拍摄景物时,通常采用前斜侧面机位来取景,被摄对象在斜平面的角度呈现的斜线效果使得画面产生近大远小的空间透视感,增强画面的视觉冲击力。从背斜侧面拍摄的照片,往往是为了表达某种情感,但不能很好地表现被摄主体的面貌,所以在拍摄中不常使用。

4. 背面拍摄

背面拍摄是指在被摄主体的正后方拍摄。它通常用于拍摄人物,可以使被摄者及其所处的环境和所关注的对象出现在同一画面中。在人物面部表情未知的情况下,读者只能通过人物的动作、手势等肢体语言来感知画面,给人以悬念和不确定性。

三、画面的形式与构成

(一)横竖画面的确定

1. 主体的形状

对于横向铺展的景物,常用横构图来表现,如江河湖海、桥梁堤坝。
对于上下直立的景物,常用竖构图来表现,如高山瀑布、楼塔亭阁等。
人像摄影中常采用竖构图。竖构图被称为"人像式画面",横构图被称为"风光式画面"。

2. 画面中主线对视觉刺激力的强弱

当被摄景物形状不是典型的横型或竖型,或画面线条呈多样分布时,应以确认主线的形式来确定画面的横竖。如在拍摄我国南方山区丘壑中不规则分布的梯田和田园风光时,首先要确定构图中风景是以横型为主还是以竖型为主。

3. 主体的移动方向

在拍摄动体时,要根据主体移动的方向来确定画面的构图,比如,竖构图经常被用于拍摄运动物体上下运动的照片,体育比赛中的跳高项目、火箭发射等通常使用竖构图;对于横向移动的物体,如汽车、轮船、自行车等,则通常使用横构图。

当同一个场景在横向和竖向被拍摄成两张不同的图片时,图片中场景的形象就会发生变化:在横构图中,景物会显得更加宽阔;在竖构图中,场景会显得更窄或更高。例如,拍摄肥胖者时用竖构图来拍摄,会让他们看起来瘦一些;拍瘦弱的人用横构图,可以让他们略显丰满。这是一种独特的"视错觉"效果,我们在拍摄时可以合理利用。

(二)画面的结构中心

人的两眼是对称平列分布,水平视角为50°左右。人的视觉偏爱长方形画面形式,画面的结构中心则应分布在长方形中对称的两侧,而不是长方形的几何中心位置。

根据古今中外的画家、科学家的结论,画面的结构中心应当是视觉中心的位置。如果我们把人的两眼拍成一个对称的横画面,两眼所在的位置应该是画面结构中心的位置。位于两眼所在位置的景物最引人注目,位于视觉中心的主体画面也应最生动多样。画面的结构中心应不止一个。

在拍摄中,主体不应位于画面的几何中心位置,而应该位于画面的结构中心。如果画面中只有一个主体,则可以放在结构中心的任何位置;如果画面上有两个或两个以上的主体,则应注意尽量让它们都位于画面结构中心的位置。

(三)突出主体

作为摄影艺术表现的基本原则之一,主体突出也是视觉新闻作品的最基本要求。主体是视觉新闻中最重要的新闻信息载体,是艺术创作中主题思想的主要体现。它应该在画面中占据突出的位置。

我们要运用视觉中心理论突出主体,将主体置于画面的视觉中心或结构中心。此外,摄影常采用的突出主体的方法还有以下几种。

1. 采用各种对比方法突出主体

对比是图像形成的基本因素,可以说,没有对比就没有图像。常用的对比方法有虚实对比、大小对比、明暗对比、色彩冷暖对比、动静对比、方向对比等。

2. 利用线条引导突出主体

如果有线条可以使用,可以把主体放在中心,用线条的引导来突出主体。

3. 利用形象的完整性来突出主体

如果画面中有两个或两个以上的人物,形象完整的人物会比形象不完整的人物更为突出。

4. 利用人物的面部朝向来突出主体

如果画面中有两个或两个以上的人物,正对着镜头的人比背面或侧面对着镜头的人更为突出。

5. 利用声音和动作来突出主体

如果两个人都是侧面的对话镜头,其中一人说话并有动作,他(她)就能成为视觉焦点,进而得到突出。

6. 利用视线突出主题

通过非主体人物的视线指引突出主体。它常用于多人物静态构图中。

7. 焦点转移法

利用焦点的前后移动，不仅可以突出主体，还可以改变主体形象。当拍摄固定画面时，对准镜头内的焦点，这时候除非必要跟焦，否则不要改变焦点。

8. 利用景别、角度和幅式的变化突出主体

其实想要拍出主体突出的照片也并不难，即坚持主题服务于主体，场景服务于主体以及构图服务于主体，这样可以最大限度地将想要表现的主体展示出来。

（四）合理安排陪体

陪体是指画面上与主体构成一定的情节，帮助表达主体的特征和内涵的对象。它的作用在于充当主体的配角，与主体配合构成一定情节。画面上如果有陪体，视觉语言会生动许多。陪体的作用具体表现为以下几点：第一，辅助主体展示情节；第二，补充和深化主体动作的内涵；第三，衬托主体，强化主体的表现；第四，为主体做注释或说明。

由于画面布局有轻重主次之分，所以陪体在画面上常常是不完整的，一般只需要留下能够说明主体的那一部分。陪体过多，会削弱主体的表现效果，因此对于陪体不要贪大求全，要从实际效果出发，取舍要有分寸感。

（五）环境的作用

画面主体之外的一切都是环境。摄影画面中的环境包括人、物、空间等。根据它们不同的空间分布，以及与观众的距离，一般将环境分为前景、背景和留白。

1. 前景

前景处在主体前面，靠近相机位置，其特点是成像大、色调深，大都处于画面的边缘。前景通常运用的物体是树木、花草，也可以是人和物。陪体也可以同时是前景。前景有以下作用：第一，衬托主体，引导视线，让观众的视线对准主体；第二，通过前景与主体间的对比，展现景物的空间感和深远感，增强画面的纵深感；第三，解释主题；第四，平衡画面，起到平衡的作用，让观众获得视觉上的平衡；第五，交代环境、季节、天气等，增加图片的信息量。根据前景的位置和形式的不同，可将其分为画架式、垂枝式和突笋式三种。

前景不能喧宾夺主，干扰主体，在使用前景时要注意以下几点：第一，前景不宜位于画面的主要位置，一般应避开视觉中心；第二，前景色调不宜过于鲜艳夺目；第三，移动的物体通常不用作前景；第四，焦点应放在主体上，而不是前景上，如果有必要，前景可虚化，以突出主体。

2. 背景

背景是指在主体的后面用来衬托主体的景物，以说明主体是处于什么环境之中。背景对于突出主体形象、丰富主体内涵起着重要的作用。

与前景相比,背景相对容易处理。就作用和意义而言,前景不如背景重要。换句话说,摄影画面可能没有前景,但一定要有背景。背景可以是单一的黑色、白色或某种颜色,如墙壁或蓝天,也可以是其他复杂而重要的景物。摄影师必须认真观察背景中的细节并慎重取舍。背景的作用有以下几个方面:第一,解释主题并提供背景信息;第二,交代环境和拍摄地点;第三,增强画面的现场气氛;第四,衬托和突出主体。

背景可以提供丰富的注释和说明性信息。背景运用得当,可以大大增加图片的信息量,增强图片的说服力和表现力。

主体与背景是一种对比与照应的关系。从内容上看,背景应该是主体的解释和呼应;从形式上看,背景应该是对主体的衬托和强化。要利用主体与背景之间的明暗对比、色彩对比、虚实对比,以及动静对比来增强画面的视觉效果。

在运用背景时也需要注意以下几点:第一,避免主体与背景相互脱离,背景必须与主体存在内在关系,删除不必要的背景;第二,避免将主体与背景做同等处理,以免主次不分,从而影响主体的表现;第三,合理安排,避免主体遮挡重要的背景信息;第四,注意选择对主体有说明作用、衬托作用的背景来为画面的总体表现服务。对于视觉新闻来说,要高度重视背景的意义,充分发挥背景的作用,增加视觉新闻图片的信息量,增强视觉新闻图片的表现力和视觉效果,使视觉新闻图片的内容更加丰富,形式更加醒目。

3. 留白

除了注意前景和背景,画面还要进行适当的留白,即画面中除了主体和陪体之外,留有一定的空白部分。留白在画面上的作用,如同标点符号在文章中的作用一样,它能使画面章法清楚、段落分明,还能帮助摄影师表达感情。

四、点线面与画面结构形式

(一)画面中的基本元素

1. 点

画面中的点并非几何中的数学符号。它可以是草地上的一朵花、草原上的一匹马,也可以是天空中的一片云等。在画面中,只要物体能够起到吸引观众注意力的作用,就可以称为点。画面中的点通常能起到画龙点睛的作用,所以点的数量不宜过多,否则会使画面杂乱无章。此外,点的位置和方向以及点与点之间的相关性都会影响画面的结构形式。

2. 线

在几何学中,线是点运动的轨迹,包括直线、曲线等。画面中的线常用来表现物体的形态,一般分为两类:一种是直观的线条,如空中的电线、建筑的边缘等;另一类是抽象的线条,如视线等。在拍摄人像时,如果人的视线是有方向的,那么大多情况下,人的面部应该朝向较大的画面区域方向,为视线留下充足的空间。如果人的面部朝着反方向,就会给人带来逃避、紧张等感受。

画面中存在的线多种多样,不同方向和形状的线会产生不同的情感色彩。比如,直线给人一种安静、庄严的感觉,曲线具有活力和动感。再如,最有表现力的人体有丰富的曲线变化;定向的线条可以聚集视线、引导画面、突出主题等。合理有序的画面线条,可以增加画面的视觉效果,使画面更有节奏感,提高画面的美感。

3. 面

面由直线的运动而产生,最基本的面有圆形、正方形、三角形、多边形等。每一种形状的表面都有鲜明的个性特征,将这些不同特征的面运用到画面的结构中,也会给整个画面带来不同的视觉效果。比如,三角形具有稳定性,可以给人一种平稳的感觉,而"倒三角"会给人一种不稳定的感觉。

(二)常见的构图形式

1. 三分法构图

这种方法也被称为九宫格法或"井"字法,是使用两条水平线和两条垂直线将图片分成九个大小相等的矩形。把主体放在直线上或直线相交的地方,使画面的焦点更加突出(见图12-12)。这是摄影、绘画、设计等艺术作品中常用的一种构图手法。这种方法非常适合初学者使用。在相机或手机拍摄中,通常有九宫格选项来辅助摄影者构图,摄影者可以选择使用。

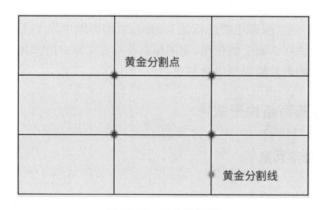

图 12-12　三分法构图

2. 散点式构图

散点式构图是一种更加随意自然的构图方法。所谓散点构图,就是指画面中不是只有一个主体,而是有许多相似的主体以多点布局的形式排列(见图12-13)。散点式构图的特点是多主体。多个相似的元素在画面中重复出现会给画面带来一种气势和视觉冲击,这是单一元素所不能比拟的。

3. 曲线构图

曲线构图的特点是形式优美,能延伸和引导观看者的视线,产生由近到远的透视变化,并能让观看者的视线被吸引到所包含的画面中,使观看者在视觉中感到趣味性(见图12-14)。曲线构图适合拍摄河流、人物、道路等。

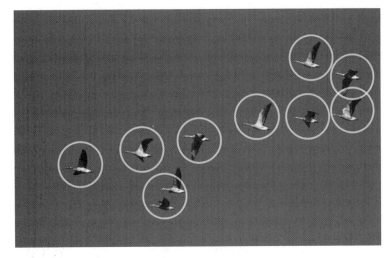

图 12-13 散点式构图

图 12-14 曲线构图

4. 斜线构图

斜线构图是一种可以让人感到不安或活力的构图(见图 12-15)。这种构图通常会给画面一种延伸的动感,所以当我们想展示一些动感的东西时,可以使用斜线构图。比如在拍摄汽车时,为了表现汽车的速度,经常会用到斜线构图。

5. 三角形构图

三角形构图是指主体可以在画面中形成一个或多个三角形的构图方法(见图 12-16)。这种三角形可以是各种形式,可以是直立的,也可以是倾斜的,甚至可以是倒挂的,造型比较灵活。不同形式的三角形构图在视觉上会给人不同的感受:等边三角形构图可以营造画面的整体稳定感,给人一种稳定不可动摇的印象;"倒三角"构图给人一种张力引起的不确定的紧张感;不规则的三角形构图给人一种灵活性和运动感。

图 12-15　斜线构图

图 12-16　三角形构图

6. 框架构图

框架构图是将主体置于由周围风景元素构成的框架中,将主体围绕在中间(见图 12-17)。它可以通过自然风景、建筑物或任何可以使用的东西组成的框架来构成,如常见的门窗、树与叶的缝隙、人和人之间的缝隙。用框架元素拍摄照片可以突出主体,使观看者的目光聚焦于主体,同时还可以起到增强画面空间感的作用,使画面更具视觉冲击力。而且,由于主体位于环境中,可以更好地与环境产生互动,所以框架构图利于营造画面气氛,使画面意境深远。①

---

① 关金微,张进红,张晓光.探究摄影构图技巧[J].旅游与摄影,2021(20):113-114.

图 12-17　框架构图

资源拓展

摄影中的黄金分割法则

　　黄金分割是古希腊人发明的几何学公式,现在人们公认遵循这一规则的构图形式是和谐的。对于许多艺术家来说,黄金分割是其在创作中必须彻底理解的概念。摄影师也不例外。

　　黄金分割法如图 12-18 所示。这个规律由莱昂纳多·斐波纳契(Leonardo Fibonacci)在公元 1200 年左右发现。他注意到自然界中大量出现了这个比例,而且以此为基础的自然结构设计既实用又美观。

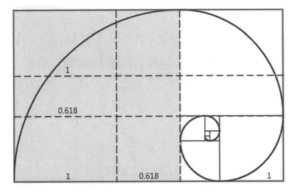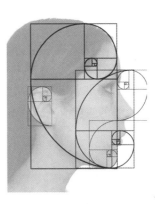

图 12-18　黄金分割法

人物五官的分布比例是造物主赋予的天然黄金比例,没有这个比例人会得变得不好看。

拍摄物体或风景时也是一样,将拍摄主体放置在画面的中心位置,整体画面则失去了协调性,看着比较呆板、单调。想让照片达到更好的视觉效果,就要把拍摄的主体稍稍偏移中心位置,置于黄金分割的交点。利用陪体衬托画面中的主体,可以起到强调的作用。通过转换黄金分割线的位置,可形成4个不同的交点。合理利用黄金分割法对拍摄场景进行布局,可以展示稳定美观的画面效果。

使用黄金分割点构图法拍出来的照片,可以更好地突出主体对象,画面效果更加协调,实现最佳的视觉效果。

第二节 光线的造型作用

知识要点

1. 常见的摄影光源分类;
2. 室内自然光、室内灯光与混合光的特点与拍摄技巧;
3. 光线方向与造型效果。

一、常见的摄影光源分类

(一)自然光

自然光指的是日光和月光,通常有三种形式,即直射光、散射光和环境反光。其中直射光最强,属于硬光。它在照射物体时,会有明显的阴影,不利于细节的表现。散射光比较柔和,多出现在阴天或多云天气,物体受光均匀,明暗对比小,色调比较平淡。环境反光受拍摄环境的影响,光的强度具有不确定性。

(二)人造光

人造光是指各种灯光,如白炽灯光、霓虹灯光、闪光灯光,以及燃烧产生的光,如烛光、油灯光等。与自然光相比,人造光可以根据拍摄需要任意调节光强、色温和照射角度等。不同种类的人造光色温不同,应注意根据具体情况调整相机的色温设置。利用不同的色温,可以改变画面的色调,达到不同的画面效果。

(三)混合光

混合光指的是单一光线不足以满足拍摄要求时,同时使用自然光和人造光。混合光摄影要注意主次光和色调应相辅相成,避免杂乱。

在使用混合光时,一定要确定主光和辅助光。拍照时,相机的白平衡、曝光等参数通常以主光为准。常见的混合光类型包括自然光和人造光、自然光和闪光灯光、室外光和室内光等。

二、室内自然光、室内灯光与混合光的特点与拍摄技巧

(一)室内自然光、室内灯光与混合光的特点

1. 室内自然光特点

室内自然光具有固定的方向,以门窗投射的光线为主;由于室内景物反射能力较弱,明暗对比反差大,直射光的照射更为明显;自然光被门窗、玻璃等介质吸收或扩散后,光线显得柔和细腻;同时,室内自然光有特定环境的真实氛围。

2. 室内灯光特点

室内灯光一般是指因室内照明或室内装饰需要而安装的灯具,又称射灯,也称现场光。这种灯光的色温往往较低,安装位置也各不相同,形成室内多点照明的特点。

3. 混合光特点

混合光指的是室内自然光和室内灯光同时使用。混合光具有室内自然光和室内灯光的所有特征,而且色温变化大,情况复杂。

(二)室内自然光、室内灯光与混合光的拍摄技巧

1. 利用室内自然光来增强现场气氛

面对室内场景,选择逆光或侧逆光拍摄,可以展现室内的层次感、立体感和空间感;选择顺光或侧顺光拍摄,可以使场景明亮、清晰。在使用逆光或侧逆光拍摄时,也可以考虑添加人工光,以改善局部照明情况。

2. 利用室内灯光来增强现场气氛

首先要了解室内灯光的情况,选择主光源,将其他光源作为辅助光源,避免反差过大;其次要尽量选择斜侧光拍摄,以增强被摄主体的立体感和空间透视感。逆光或侧逆光拍摄,主要表现室内的层次感、立体感和空间感,拍摄人物时,要考虑添加人工光来提高人物脸部的亮度;用顺光或侧顺光拍摄,虽然人物和场景都明快清晰,但整体画面缺乏层次感,要尊重场景灯光的色温,提高拍摄场景现场灯光的效果。

3. 室内灯光与室内自然光综合运用

拍摄时要以室内自然光还是室内灯光为主,应根据具体情况进行具体分析。当主要使

用室内自然光时,可以将现场灯光作为辅助光;当主要使用室内灯光时,可以将室内自然光作为辅助光。当局部室内灯光非常强时,画面容易过曝,应对其加以控制。

4. 室内背景的选择与处理

在室外自然光下,被摄主体接受光前后的照度是相同的,但室内不一样,比如被摄主体靠近窗户时是明亮的,远离窗户时是灰暗的,明暗对比往往很大。在拍摄人物时应该特别考虑这一特点。不要让深色的头发和深色的衣服与深色的背景重叠,这样就会无法显示环境的特点,人物也就不能突出。尽量选择比较明亮、有一定层次和环境特点的景物作为背景,使其在色温、色调上与主体相区分,从而呈现良好的画面效果。

5. 室内光线的合理运用

在室内拍摄,如果是逆光,被摄主体被置于门或窗等明亮的背景下,会增加曝光难度。如果曝光量增加,被摄主体的亮度会增加,但窗外会严重过曝。如果照顾到窗外景色的亮度,那么室内人物就会严重曝光不足。

室内逆光一般用来表现人物的动作、姿态,交代人与人之间的情感交流,呈现出剪影或半剪影的效果。有时候拍摄如果采用顺光,虽然人物的亮度会有所提高,但会显得单调而缺乏立体感。最好的方法是用门或窗作为主要光源,照射人物的主要部位,形成人物的斜侧光效果。对于人物的暗部,利用房间周围墙壁的反射,形成一定的亮度和柔和的补助光,使暗部也能有细腻的过渡层次,这样不仅避免了明暗对比过多,而且色调对比丰富。

三、光线方向与造型效果

摄影师只有根据顺光、侧光、逆光等不同情况(见图 12-19),选择最佳的光线方式,准确判断现场光线的特点,才能获得满意的拍摄效果。

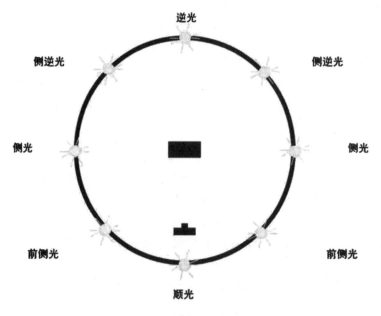

图 12-19　光线方向

(一)将顺光的优势发挥到极致

顺光是视觉新闻中最常见的用光方法之一,也是获得更佳摄影效果的途径之一。顺光的优点是能很好地反映被摄主体固有的色彩效果。拍摄时,光线照射的方向与拍摄的方向一致,被摄主体被照亮就是顺光的拍摄手法(见图 12-20)。顺光拍摄的方法很容易掌握,一般在曝光准确的情况下可以取得很好的效果。顺光适合拍摄高规格、特点鲜明、典雅的照片。它具有很强的表现力,能够真实还原被摄主体的色彩和形状,也可以用来突出一些表面光滑的物体细腻的纹理。

图 12-20　顺光拍摄角度及效果

(二)合理使用侧光效果

侧光是指相机镜头与光线照射方向呈 90°的光线。在光照下,被摄主体的一半处于光照下,另一半处于阴影中。这种情况下,如果从正面拍摄人物,会形成一个明显的"阴阳"脸,有强烈的明暗对比效果,同时可以在丰富层次的基础上将细节呈现得更为明朗,显现的自然效果也比较好,适合拍摄一些注重美感的形体,也能很好地表现被摄主体表面粗糙、凹凸不平的质感(见图 12-21)。因此,大多数塑造体积感的方式都是通过侧光来实现的。在使用侧光拍摄时,要特别注意对光影对比进行控制。对于不可控的阴影,应尽量使用辅助光,增加暗面的层次,减少明暗对比。

图 12-21　侧光拍摄角度及效果

(三)不可忽视的逆光

逆光是指从被摄主体背向镜头的方向发出的光。这是摄影师最难把握的光线,因此在实际拍摄中经常被忽略。事实上,利用逆光呈现出独特的廓形,可以简化被摄主体的色彩和细节,有细化画面、突出被摄主体形状的效果(见图12-22)。

图 12-22　逆光拍摄角度及效果

四、光线对色彩的影响

(一)认识色彩

1. 色彩的三要素

当人们看一张照片时,颜色通常是最先映入眼帘的,也是印象最为深刻的。此外,色彩还具有表达情感、深化主题的作用。颜色它是画面中重要的信息元素。我们可以从色相、饱和度和明度三个方面来识别颜色(见图12-23)。

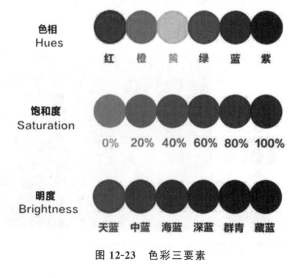

图 12-23　色彩三要素

(1)色相

色相又称色调,用来区分不同的颜色。可见光谱中不同波长的光有特定的颜色。单色光是由主波长决定的光,例如,红、黄、绿、蓝、紫等都有自己的主波长。普通物体的色调是由物体的表面结构和照射到它的光的颜色决定的。

(2)饱和度

饱和度又称彩度、艳度或纯度,是指颜色的纯洁性或鲜艳程度。单色光是饱和度最高的色彩。颜色饱和度的高低是由颜色中缺失的颜色(黑、白、灰)成分多少决定的。失色量越多,颜色饱和度越低。物体的饱和度与物体表面的粗糙度有关。根据漫反射原理,物体表面越粗糙,颜色饱和度越低。相反,根据全反射原理,表面越光滑,颜色饱和度越高。

(3)明度

明度是指一种颜色的亮度,即明暗之分。不同的颜色有不同的亮度,其中黄色的亮度最高,其次是红色、绿色、蓝色和橙色,紫色的亮度最低。同样的颜色也有明度之分,例如,红色可以分为深红色、正红色和浅红色。就物体而言,物体本身反射光线影响着物体深浅的亮度以及光线的强度。

2.物体色彩的分类

物体的色彩由固有色、非固有色和消失色组成。

(1)固有色

固有色是指物体在白色光源下呈现出来的色彩,是物体本身所呈现的固有的色彩。由于物体的颜色在高光位置较亮,而在阴影位置较暗,所以固有色通常出现在物体的中灰色亮度位置。对固有色的准确把握,可以使摄影师在摄影时准确曝光,还原物体的真实色彩。

(2)非固有色

非固有色是指图像中呈现的与物体属性不同的颜色。在拍照时,利用有色光线或通过对相机白平衡的调节,可使物体的固有色发生改变。灵活运用非固有色,可以使画面色彩丰富,增强画面的新鲜感和陌生感。

(3)消失色

消失色也称为消色,指的是黑、白和不同明度的灰色阴影。在黑白图像中,消失色通常会影响色调和空间感。黑白图像采用明暗结合的方式来表现画面的细节。虽然在彩色照片中消失色较少,但我们不能忽视其对照片色彩的影响。

(二)光线对色彩的影响

投射在物体上的不同光线,会影响物体的色彩效果。而在摄影中,图像的最终呈现色彩是由被摄主体的颜色、光线的色温和相机的白平衡设置等因素决定的。

从摄影语言的角度来看,每一种色彩都会给观众不同的视觉感受。一张彩色照片是不同颜色的组合。摄影师只有对色彩本身的视觉特征和象征意义有很好的了解,才能准确地运用色彩,使画面的主体更加生动直观。

1. 暖色调和冷色调

色调通常是对画面整体色彩的概括,一般分为暖色调和冷色调(见图12-24)。

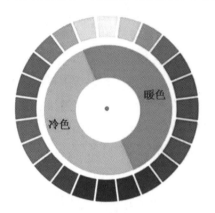

图 12-24　冷暖色色环

暖色调包括红、橙、黄等颜色,它们让人联想到能带来温暖的事物,如太阳、灯笼和烛光。暖色调图像会给人一种温暖的感觉,通常用来表达温暖、温馨、喜庆、欢快等。在摄影中,被摄主体暴露在低色温光照下,如日出或日落的霞光里、白炽灯光线下等。

冷色调包括蓝、青等颜色,一般给人寂静、寒冷、忧伤、神秘等感觉。人们通常利用清晨的光线、阴天的光线、荧光灯和正午紫外线强烈的光线来拍出冷色调的画面。

2. 相邻色

在颜色的光谱顺序中,邻近的颜色是相邻色(见图12-25)。相邻色的对比度较低,如蓝与绿、红与橙、橙与黄、黄与绿等。如果画面中的色彩多由相邻的色彩组成,观众的视觉体验会更加舒适和谐,画面也会更加赏心悦目。

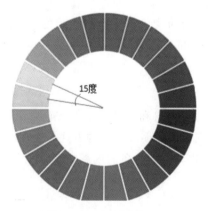

图 12-25　相邻色色环

3. 互补色

如果两种颜色加在一起能产生白光,就称为互补色(见图12-26)。互补色具有较强的颜色对比,如红与青、蓝与黄等。当画面中出现大面积的互补色时,往往给观众以醒目、华丽、明亮等视觉心理感受。

图 12-26　互补色色环

本章回顾

本章着重介绍了视觉新闻构图的基本知识,让同学们了解摄影构图中可能遇到的影响因素,并掌握不同光线下的拍摄技巧,结合光线在摄影中的作用,拍摄出优秀的作品。

关键概念

摄影构图　摄影取景　光线运用

复习与思考

1. 简述摄影构图的基本原则以及取景时需要注意的问题。
2. 简述室内自然光的特点及拍摄技巧。
3. 简述混合光的特点及拍摄技巧。
4. 简述摄影中光线对色彩的影响。

单元实训

1. 根据摄影构图的基本原则,拍摄一组新闻图片。
2. 利用光线的变换,结合取景的基本要素,拍摄一组新闻图片。

摄影灯光技术　第十三章

本章思维导图

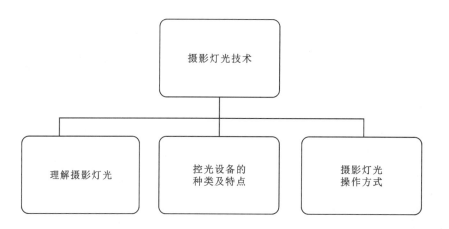

课前导读与体验

摄影灯又称机头灯、采访灯、新闻灯,它在数码摄像机上的作用如同闪光灯在数码相机中的作用。想拍表面黑暗的物体,一定要用到这些辅助光源,否则会影响画面清晰度,这个清晰度靠后期处理是不可能改善的。

灯光在摄影活动中具有极大的价值。尤其是在艺术化的摄影活动中,灯光往往作为"标配"出现在各类环境中。这也解释了为什么摄影工作室一般会配备不同尺寸的灯具。相较于常规的影视灯光拍摄,影棚灯光对环境的要求更苛刻一些。在较为私密的环境中,主动控制光线可以给目标主体带来更多的光影效果。在影棚内拍摄时主要使用两种光源——闪光灯和连续光线,它们作为光线的形状,设计出造型光线。

小问答

1.什么是摄影灯光?

2.摄影灯光一般有什么用途？
3.如何正确利用摄影灯光拍出优质照片？

第一节 理解摄影灯光

知识要点

1.摄影灯光的概念；
2.控光设备的种类及特点。

一、理解摄影灯光

(一)摄影灯光的概念

在摄影活动中，除了必备的摄影摄像技术外，对灯光效果进行充分把握，使其与摄影师产生情感上的呼应，也是非常重要的一点。这不仅有助于增强摄影师对艺术氛围和瞬间灵感的把握和掌控，还有助于摄影师提高艺术和美学的修养水平。优秀的摄影作品并不是简单按一下快门就可以产生，要想真正创作出具有视觉美学与视觉感染力的作品，摄影师需要进行长时间的修炼。

在摄影技术中，构图、光线和角度是不可忽视的三个要素。只有充分把握这三个要素，合理运用和取舍，才能让摄影作品呈现出完美的效果（见图13-1）。其中，摄影师对光线效果的把握直接决定作品最后的呈现效果和摄影画面的风格。具体来说，室内人造光的光源位置有逆光、侧逆光、侧光、前侧光和顺光，相应的照射角度有顶光、平光和底光（见图13-2）。除了人造光线，一般日间室外的拍摄以自然光源（主光源）为主。

不同的艺术形式都有其特定的表现手法。在摄影活动中，灯光的布置和选择在呈现摄影作品最终艺术效果、摄影师个人和被摄主体的情感态度上扮演着非常重要的角色。灯光摄影作为人造光源，现在广泛应用于广告摄影、婚纱摄影、宠物摄影以及人像摄影等影棚摄影环境中。摄影师需要充分研究人造光源的可控性、技术性、可利用性，达到熟练使用各种灯光的程度。

室外自然光拍摄效果更为真实。新华社摄影报道《一起看夕阳》（见图13-3）被评为第三十一届中国新闻奖二等奖。2020年3月5日傍晚，在武汉大学人民医院东院，上海复旦大学

图 13-1 室内摄影灯光效果

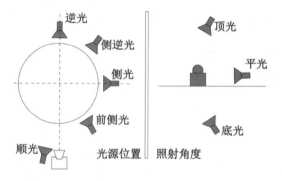

图 13-2 室内摄影棚的灯光位置关系

附属中山医院援鄂医疗队医生刘凯,在护送患者做 CT 的途中与住院近一个月的 87 岁患者一起欣赏日落。

光本身的存在形式和使用方法是多样化的,摄影师只有充分认识光线,并对光线进行合理选择和利用,才能在摄影艺术中达到最佳的表现效果,使摄影作品的情感、思想观念和特征更加清晰地展现出来,从而使图片中潜在的功能和价值在光与影的律动中得到充分的展现。

(二)主光

主光即主导光源,它拥有决定画面主调的关键性作用,也可以说是决定主体氛围的光源。主光是照射于主体的光源,作用于环境的光源一般不被视为主光。在摄影过程中,一般以主光为基础与核心确定接下来的背景光、辅助光等(见图 13-4)。摄影师一般基于被摄主体的质感、造型、主体与背景的分离情况以及明暗分配等情况来考虑主光的强度和光性(见图 13-5)。

图 13-3　新华社报道《一起看夕阳》

甘俊超 摄

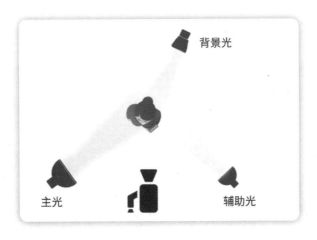

图 13-4　摄影灯光的一般位置关系

图 13-5　不同位置的灯光表现效果

通常意义上说,主光必须高于被摄主体,因为科学实践证明,人体最为舒适的感光角度就是模拟太阳照射的光效,如果主光过低,就会让被摄主体产生一种反常态的底光照明效果;如果主光过高,会在无形之中造成一种居于被摄主体之上的顶光效果。

(三)辅助光

一般情况下,主光的照射会让被摄主体产生部分阴影面积,为了营造合理的光影效果,需要在主光外布置一定的辅助光,以提高画面的层次和光影效果。

辅助光一般以柔光为主,并且要注意控制好光比,即被摄主体的阴影面和高光面的比例关系,合适的光比一般控制在 1∶3~1∶6。若被摄主体较浅,则应将光比控制在数值较小的范围内,反之,应将光比控制在数值较大的范围内。此外,辅助光不局限于一条,还可以根据画面布局和效果需要,增加几条辅助光,与背景合理搭配的灯光的大胆运用,会使摄影画面呈现出意想不到的效果,进而提升整体画面的质感和美感。

如果使用与主光强度相同的补光,那么画面可能会呈现如图 13-6 所示的效果:两侧都被照亮,而阴影则从脸部的两侧投射出去,在某种程度上看,演员就像是被相机闪光灯照亮那样。

图 13-6　辅助光的效果

辅助光会决定对比度,最后影响拍摄的情境和协调性。有时候我们可能完全不需要辅助光,而有时候我们希望使用辅助光来保持或增强对比度。由于被摄主体接收到的主光具有方向性且会被相邻的表面(例如墙面)反射,产生一定的环境光,这时候我们可以使用辅助光来消除它。

(四)背景光

背景光在摄影活动中主要起渲染气氛的作用。我们在选择和处理背景光时,不仅要注意画面光感的和谐程度,还要把握对比的原理。简单来说,可以通过选择合适的角度、照明范围和距离来控制被摄主体和光线的关系。如果被摄主体与背景有足够的距离,并且距离镜头较近,可以选择单独的背景光,这样背景光就不会对主光造成干扰,同时也可以很好地控制自身的覆盖范围、角度、亮度以及均匀程度。

背景光通常使用在较暗的场景中,避免主体融入暗色背景。如图13-7所示,剧照中的人物被充当火源的光线照亮,但是因为他处于阴暗的环境中,周围并没有太多其他的光线能够运用,人物没办法与暗色背景区隔。

图13-7 《权力的游戏》的剧照

另外值得一提的是,我们在合理运用背景光的同时,对于色调、色彩的选择也是非常重要的。例如,如果在被摄主体后加上一定颜色的背景,再加上烘托背景的不同灯光效果,那么摄影画面所呈现的视野就会比较宽阔。但在这个过程中,需要特别注意被摄主体的情绪态度、表现姿态,以及最佳表现瞬间的抓取,这样才能实现更好的拍照效果。

(五)自然光

自然光一般指太阳光。不同天气、不同时间,太阳光都会产生不同的变化,从而使得所拍摄的照片光感色彩也不同(见图13-8)。

一般来说,每天都有所谓的"黄金拍摄时段",该时段光比小,光线角度好,因此得到了大部分户外摄影师的重视。清晨就属于这个"黄金拍摄时段",如图13-9所示,在没有补光的情况下,稍采取逆光的模式拍摄便能拍出光感很好的照片。

图 13-8　利用自然光的布光效果

午间太阳光环境下进行拍摄,可以拍出略微硬光的片子,但是还是需要用反光板来控制光比。如图 13-10 所示,这个时候要尽可能采取顺光拍摄的模式,这样既能保留一些天空的色彩,也不会因为逆光造成画面过度曝光。

图 13-9　清晨逆光拍摄效果　　　　图 13-10　午间太阳光环境下拍摄效果

太阳落山前,光线开始变为平光或趋于平光,有利于掩盖人物面部的一些瑕疵,同时这时候光比开始变小。我们在拍摄角度的选择上就可以更加自如,不用担心面部发黑或"阴阳"脸。如图 13-11 所示,我们可以看到影子被拉长,从而了解到太阳的角度已经变低。同时,这个时间的拍摄可以通过被摄主体的造型装饰,营造出故事感。

二维码 13-1

图 13-11　太阳落山前的拍摄效果

二、控光设备的种类及特点

控光设备是非常重要的影棚拍摄工具,它可以决定照片呈现的光影效果以及画面的影调。如果我们使用不带任何控光设备的灯,我们将无法控制阴影的柔度以及光流的大小。在这种情况下,阴影锐化度高,几乎等同于便携式闪光灯产生的阴影。

(一)标准反光罩

标准反光罩(见图 13-12)是一块装有反射性内底板的深罩。这种控光设备可让我们打出聚集可控的光线,产生锐化的阴影。不过,光线中有一部分会反射到反光罩壁,从而将其稍微柔化。

图 13-12　标准反光罩及拍摄效果

(二)配有挡光板的反光罩

配有挡光板的反光罩是带有两对活动挡光板的控光设备(见图 13-13),它可以让我们轻松地控制光流的形状和强度。挡光板最常用于背景照明或控制背光。

图 13-13　配有挡光板的反光罩及拍摄效果

(三)标准反光罩搭配蜂巢罩

标准反光罩搭配蜂巢罩(见图 13-14)是一种具有蜂巢结构的控光设备。它可以将光流窄化为一组几乎平行的光束。这种类型的灯能够创造出聚集对比的光线以及锐化的阴影。标准反光罩搭配蜂巢罩常用于在背景上创造光斑或模拟阳光。

图 13-14　标准反光罩搭配蜂巢罩及其拍摄效果

(四)猪嘴形反光罩

猪嘴形反光罩(见图 13-15)是一种形状为圆锥形、圆柱形或矩形的控光设备。它将光流缩为一道非常狭窄的光束。猪嘴形反光罩通常应用于场景的背光元素(如脸部或背景)以及拍摄物体。

图 13-15　猪嘴形反光罩及其拍摄效果

(五)大雷达罩

大雷达罩(见图 13-16)由一个较小和一个较大的抛物线状面相对组成,从而使来自灯具的光线反射两次。这种类型的光能够给画面带来强烈的对比感,而且物体的边缘不会过于锐化。这种大雷达罩通常用于拍摄特写照片,因为它所创造出来的光能够完美地凸显脸部特征和肤色。

图 13-16　大雷达罩及其拍摄效果

(六)小雷达罩

与大雷达罩不同,小雷达罩(见图 13-17)能够产生更加锐化的阴影,但是具有紧凑性和移动性。它在拍摄肖像时效果同样出色,一般用于拍摄时尚风格的现场照片以及在小空间内的照片。

图 13-17　小雷达罩及其拍摄效果

(七)雷达罩搭配白布

由布料制成的柔光罩放在雷达罩之上可以柔化其光线(见图 13-18)。此外,雷达罩搭配白布能够极大地降低光流的强度。白布让雷达罩近似于一个小圆形柔光箱。

(八)大雷达罩搭配蜂巢罩

大雷达罩搭配蜂巢罩(见图 13-19)是一种具有蜂巢结构的控光设备。它用于将光流窄化为一组几乎平行的光束。蜂巢罩放在大雷达罩之上,会使光流变得极其狭窄,同时在光影之间留下一道柔线。总体而言,这是一种具有创造性的出彩设备,适合肖像和时尚摄影。

图 13-18　雷达罩搭配白布及其拍摄效果

图 13-19　大雷达罩搭配蜂巢罩及其拍摄效果

(九)直立大柔光箱

直立大柔光箱(见图 13-20)是摄影中最热门的控光设备。直立大柔光箱的柔光类似于阴天的自然光或从窗户透进来的光线。它拍摄出的人物或物体最为自然。它会产生一道相对窄高的光束。这在照明高物体(如人像全身照)时非常方便。

图 13-20　直立大柔光箱及其拍摄效果

(十)平放大柔光箱

平放大柔光箱(见图 13-21)能够照明放在水平面的物体。这非常适合在拍摄低层放置的宽物体时使用。

图 13-21　平放大柔光箱及其拍摄效果

(十一)透光白光伞

透光白光伞(见图 13-22)能够分散脉冲灯的光流,并将其缩减为一半或一半以下。光伞透过的光线可用作主光或补光。

图 13-22　透光白光伞及其拍摄效果

(十二)银色光伞

银色光伞(见图 13-23)用来获得反射的光线,以产生对比度较强的画面。

图 13-23　银色光伞及其拍摄效果

（十三）八角形柔光箱

八角形柔光箱（见图13-24）的直径长达两米。它可让我们获得聚集的柔光和柔影。它通常用作拍摄集体肖像时的主光。需要注意的是，八角形柔光箱会在模特的眼睛里或光亮的表面上，留下一个典型的圆形光点。

图13-24　八角形柔光箱及其拍摄效果

第二节　摄影灯光操作方式

知识要点

1. 摄影灯光的控制方法；
2. 摄影棚灯光架设的基本方法。

一、摄影灯光的控制方法

（一）选择合适的灯光

合适的灯光由两个要素构成：一是画面足够明亮；二是画面的光线分布均匀且柔和。在拍摄中使用灯光以及架设灯光时，应以让光线明亮且柔和为考量重点，避免过度强烈的灯光直接投射在脸上或背景（墙面）上，产生过于锐化的影子。

（二）光线控制

在摄影控光的过程中，要打出合适的灯光，有以下几个需要注意的关键要素。

第一,灯光的色温。使用颜色特殊的灯光,可以营造特别的气氛。一般情况下,我们建议使用中性色温(不偏蓝也不偏黄)的灯光,让图片呈现最贴近真实的颜色。与色彩相关的拍摄内容(例如绘画示范),使用中性色温的灯光更为重要。

第二,灯光的投射方向。灯光的投射方向会影响影子生成的方向。在拍摄时,一般将灯光放在被摄主体的正前方或斜上方,并避免让灯光由下往上打。在摄影实践中,要特别注意灯光照射时产生的影子,避免影子遮挡住被摄主体。

第三,控制灯光的柔和程度。如果想要光线柔和,但手边没有大尺寸的光源(注),我们也可以尝试将光线投射在浅色墙面上(白墙更佳),利用反射光来达到柔化的效果。需要注意的是,光源的尺寸愈大(例如大面积的 LED 打光灯),光线和影子就愈柔和,反之,光线和影子则会愈锐化。

第四,控制灯光与被摄主体的距离。架设灯光时,应视灯光的尺寸大小与强弱程度,适当调整灯光与被摄主体的距离,让灯光均匀地照射被摄主体,避免只照射在局部。一般来说,灯光常架设于被摄主体斜上方,此时被摄主体距离背景(墙面)越远,就越不容易在背景上产生具有干扰性的阴影。

(三)操作摄影灯光时的注意事项

第一,注意选择合适的灯光照射角度。建议适度架高灯光,光源角度在人物视线上方30°～45°之间为佳,或至少与人物视线齐平,避免低于脸部或由低处往高处照射。如果没有营造戏剧效果的需要,建议拍摄时将环境中既有的照明都打开,再依照需求,选择合适的打灯方法。

第二,改善光影视觉的关系。如果拍摄时可以使用反光板,在被摄主体脸部下方放置反光板,如果人物是坐姿状态,可将反光板置于膝上,让反光板反射光线到脸部,改善鼻下和脖子处的阴影。

二、摄影棚灯光架设的基本方法

(一)三点打灯法

三点打灯法(见图 13-25)是最常见的专业打光方式,依照打光灯摆放的位置,一般可以将灯光区分为主灯、辅助灯和背景灯。

主灯:架设在人物斜前方,亮度通常最高,强度也较高;打灯目的是照亮人物(例如人的脸部)。

辅助灯:也是架设在人物斜前方,但是位于与主灯相反的另一侧(例如主灯在左前方,辅助灯就在右前方),亮度通常较主灯低,强度也相对低;打灯目的是减少人物的影子。

背景灯:架设在人物后方或斜后方,可打在头发或肩膀上,让人物产生轮廓光,使人物跳出背景,更有立体感。

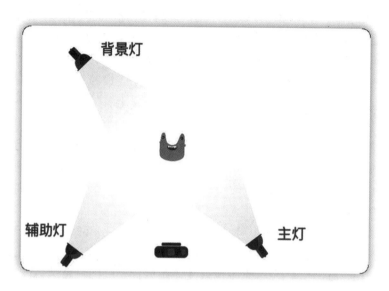

图 13-25　三点打灯法

(二)两点打灯法

依照三点打灯法来打灯,总共需要使用三盏灯(头顶日光灯不列入计算);但若手边没有三盏同色温的灯,也可以舍弃背光,只打两盏架设在左右斜前方的灯(见图 13-26)。

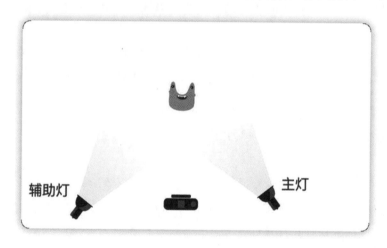

图 13-26　两点打灯法

(三)一点打灯法

若条件有限,手边只有一盏灯(头顶日光灯不列入计算),可以将灯架设在人物的斜前方,让光线朝向人物,再针对灯的距离远近和位置高低稍作调整,并避开阴影严重的打光方向(见图 13-27)。

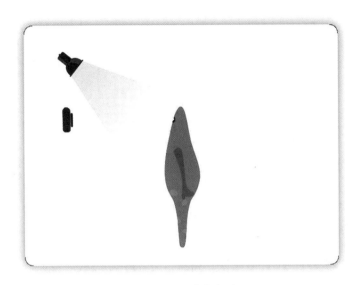

图 13-27　一点打灯法

> **本章回顾**

　　灯光在摄影活动中具有极大的价值，尤其是在艺术化的摄影活动中，灯光往往作为"标配"出现在各类环境中。摄影工作室总会配备各种不同尺寸的灯具。相较于常规的影视灯光拍摄，影棚灯光对环境的要求更苛刻一些。在较为私密的环境中，主动控制光线可以给被摄主体带来更好的光影效果。

> **关键概念**

　　摄影灯光　控光设备

> **复习与思考**

　　1. 什么是摄影灯光？
　　2. 摄影棚里的光源有哪些？如何正确利用这些光源拍出优质光感的照片？
　　3. 如何利用自然光拍出优质光感的照片？
　　4. 控光设备有哪些？各自有什么特点？

> **单元实训**

　　1. 分别拍摄早上、中午和夕阳前后的同一位置、同一视角、同一目标主体的照片，并尝试分析不同的光源所带来的不同照片效果。
　　2. 选择一个无光源场所（例如室内摄影棚或室内直播间），尝试架设控光设备，并拍摄不同光源效果的人物肖像照片。

参考文献

[1] 埃德蒙德·胡塞尔.生活世界现象学[M].倪梁康,张廷国,译.上海:上海译文出版社,2002.

[2] 曹晋.批判的视野:媒介与社会性别研究(Media and Gender Studies)评述[J].新闻大学,2005(4):3-12.

[3] 陈道德.传播学与符号学散论[J].湖北大学学报(哲学社会科学版),1997(2):51-55.

[4] 关金微,张进红,张晓光.探究摄影构图技巧[J].旅游与摄影,2021(20):113-114.

[5] 蒋琳.智媒趋势下新闻编辑视觉素养培育的文化维度[J].中国编辑,2019(1):44-48.

[6] 李文文.场景时代H5新闻专题报道的创新路径研究——以澎湃作品《海拔四千米之上》为例[J].新媒体研究,2021(9):59-61.

[7] 理查德·豪厄尔斯.视觉文化[M].葛红兵,等译.桂林:广西师范大学出版社,2007.

[8] 利萨·泰勒,安德鲁·威利斯.媒介研究:文本、机构与受众[M].吴靖,黄佩,译.北京:北京大学出版社,2005.

[9] 刘伯红,卜卫.我国电视广告中女性形象的研究报告[J].青年研究,1997(10):19-27.

[10] 刘建明等.宣传舆论学大辞典[M].北京:经济日报出版社,1993.

[11] 罗兰·巴尔特,让·鲍德里亚,等.形象的修辞:广告与当代社会理论[M].吴琼,杜予,编.北京:中国人民大学出版社,2005.

[12] 马丁·海德格尔.林中路[M].孙周兴,译.上海:上海译文出版社,1997.

[13] 米歇尔·福柯.词与物——人文科学考古学[M].莫伟民,译.上海:上海三联书店,2001.

[14] 任悦.视觉传播概论[M].北京:中国人民大学出版社,2008.

[15] 盛贵.新闻摄影教程[M].5版.北京:中国人民大学,2020.

[16] 陶东风,金元浦.文化研究(第3辑)[M].天津:天津社会科学院出版社,2002.

[17] 王勇.体育摄影的站位、定位和到位[J].宁波通讯,2012(11):64.

[18] 徐小立,秦志希.媒介文化的"视觉转向"及其传播策略[J].新闻与传播评论,2004(1):72-76,240-241.

[19] 张蔓,徐勇.面向数字化时代新闻摄影实践面临的挑战与建议[J].电视指南,2018(4):123.

[20] 张倩苇.视觉素养教育:一个亟待开拓的领域[J].电化教育研究,2002(3):6-10.

后记
Postscript

本书是为成人自考本科及摄影爱好者编写的学习教材,其主要读者对象为新闻传播学领域的未来从业者、职业摄影师以及其他热爱摄影的人士。视觉新闻报道是新时代主流媒体的重要发力点,也是当代新闻记者人才的必备能力。

学习视觉新闻报道的相关知识可以帮助人们更好地传达新闻故事和信息。视觉元素如图片、视频等可以增强新闻报道的吸引力和可读性,同时也能够直观地展示事件的现场、情感和影响。掌握视觉新闻报道技巧还可以帮助人们更好地选择、编辑和使用相关素材,提高新闻报道的质量和价值。

本教材分为视觉新闻导论、视觉新闻报道实务与视觉新闻报道技术三大模块,从实例分析与方法论应用角度阐述了视觉新闻记者应该掌握的视觉新闻理论、实务与技术的基础概念、基础理论与应用方法。

本教程的编写原则、大纲由陈瑛全面规划,肖南负责具体执行。参与本教材编写的教师共五位,均为对视觉新闻报道有着专门研究的高校教师,他们经过充分讨论确定每章的内容并各司其职,具体撰稿分工如下:

章节		负责人	备注
第一章	视知觉理论与视觉素养	陈瑛、吴尚哲	吴棋、肖南参与修改
第二章	视觉新闻报道概述	杨雯	吴尚哲、肖南参与修改
第三章	视觉新闻报道聚合培养	吴棋	吴棋参与修改
第四章	视觉新闻头条报道	杨雯	吴棋、肖南参与修改
第五章	非事件性视觉新闻报道	杨雯、吴棋	肖南参与修改
第六章	视觉新闻专题报道	肖南	—
第七章	体育视觉新闻报道	肖南	—
第八章	人物视觉新闻报道	杨雯	肖南参与修改
第九章	视觉新闻报道的图文关系	吴尚哲	—
第十章	视觉新闻编辑与发布	吴棋	—

续表

章节	负责人	备注
第十一章 视觉新闻摄影技术	肖南	—
第十二章 摄影构图的基本知识	吴尚哲	—
第十三章 摄影灯光技术	肖南	—

与本书配套的二维码资源使用说明

本书部分内容及与纸质教材配套数字资源以二维码链接的形式呈现。利用手机微信扫码成功后提示微信登录，授权后进入注册页面，填写注册信息。按照提示输入手机号码，点击获取手机验证码，稍等片刻收到4位数的验证码短信，在提示位置输入验证码成功，再设置密码，选择相应专业，点击"立即注册"，注册成功。（若已经注册，则在"注册"页面底部选择"已有账号？立即登录"，进入"账号绑定"页面，直接输入手机号码和密码登录。）接着提示输入学习码，需刮开教材封面防伪涂层，输入13位学习码（正版图书拥有的一次性使用学习码），输入正确后提示绑定成功，即可查看二维码数字资源。手机第一次登录查看资源成功以后，再次使用二维码资源时，只需在微信端扫码即可登录进入查看。

引用作品的版权声明

为了方便学校教师教授和学生学习优秀案例,促进知识传播,本书选用了一些知名网站、公司企业和个人的原创案例作为配套数字资源。这些选用的作为数字资源的案例部分已经标注出处,部分根据网上或图书资料资源信息重新改写而成。基于对这些内容所有者权利的尊重,特在此声明:本案例资源中涉及的版权、著作权等权益,均属于原作品版权人、著作权人。在此,本书作者衷心感谢所有原始作品的相关版权权益人及所属公司对高等教育事业的大力支持!